BRUNO
WÜRTENBERGER

VON OPFERN, SCHÖPFERN, GLÜCKLICHEN.

Umschlaggestaltung: GretLife.Books
Set & Layout: GreatLife.Books

Bildquelle: ©Bruno Würtenberger
Herausgegeben: 11.2016

Verlag: GreatLife.Books (alea active GmbH)
Hauptstr. 97 | 69 469 Weinheim
www.greatlifebooks.de | info@greatlifebooks.de

ISBN: 978-3-96124-020-3 (Taschenbuch)
ISBN: 978-3-96124-021-0 (HardCover)
ISBN: 978-3-96124-022-7 (eBook)

Printed in Germany

Was Dich erwartet

Einleitung

„Bewusstsein entfaltet sich durch bewusstes Sein."

In diesem Buch erfährst Du, dass Du alleine durch eine andere Sichtweise Dein Leben glücklicher und erfolgreicher gestalten kannst, als Du es bisher zu träumen wagtest. Natürlich wirst Du Dich aufgrund dieser neuen Betrachtungsweise auch dementsprechend anders verhalten. Doch genau diese Kombination einer grundlegend neuen Sichtweise und einem veränderten Verhalten bewirkt, dass sich Dein gesamtes Leben und Erfahren – wie durch ein Wunder – zum Besseren wenden wird. Ich freue mich daher außerordentlich, Dich an den Resultaten meiner über 30-jährigen Bewusstseinsforschung teilhaben zu lassen. Manche Dinge erscheinen Dir möglicherweise viel zu einfach, um effizient und wirksam sein zu können, aber täusche Dich nicht, denn Du liest dieses Buch – zumindest zu Beginn – ja noch mit Deinem alten Bewusstsein und Deiner gewohnten Sichtweise. Dies wird sich jedoch im Laufe der Lektüre und der Beobachtungen Deines eigenen Lebens und Verhaltens schrittweise verändern und am Ende des Buches wirst Du mich verstehen.

Selbstverständlich ist das nicht möglich, ohne Dich mit gewissen Herausforderungen und Widersprüchen zu konfrontieren. Aber Du wirst es meistern und Deinem Leben eine neue Richtung geben. Du wirst nach und nach erleben, dass vieles, wenn nicht gar alles, möglich ist. Liebe, Freude, innerer und äußerer Reichtum, Gesundheit und Erfolg. Das alles ist kein Produkt des Zufalls, sondern der korrekten Anwendung der Funktionsweise des Bewusst-Seins.

Ich wünsche Dir also eine spannende Forschungszeit und gratuliere Dir schon jetzt zu Deinen Erfolgen. Und bitte vergiss eines nicht: „Weht Dir mal ein starker Wind ins Gesicht, dann setze lieber die Segel, als aufzugeben!"

Die alten Strukturen

Du musst wissen, Dein gegenwärtiges Bewusstsein funktioniert noch ziemlich perfekt nach den alten, indoktrinierten Strukturen. Man hat Dir möglicherweise ein Leben lang beigebracht, wie die Dinge sind, wie Du sie zu betrachten hast und wie die Welt funktioniert. Du hast Deinen Eltern, Deinen Lehrern, Priestern, Politikern, den Zeitungen, dem Fernsehen und Rundfunk, ja, allen mehr oder weniger abgekauft, was sie Dich gelehrt haben. Und gerade weil es vermutlich Vertrauenspersonen für Dich gewesen sind, hast Du ihre Weisheiten dankbar aufgenommen. Das wird einer der schwierigsten Schritte für Dich sein, diese alten Strukturen über Bord zu werfen. Dein Bewusstsein respektive Dein Verstand wird Dich davon versuchen zu überzeugen, dass Du damit auch Dein Vertrauensverhältnis, ja, sogar Deine Liebe zu diesen Menschen verlieren wirst. Ja, der Verstand ist meist kein freundlicher Begleiter, denn er operiert mit Angst. Fürchte Dich also nicht, mit den alten Strukturen zu brechen und Neuland zu betreten. Ich versichere Dir, dass Du weitaus weniger zu verlieren, aber umso mehr zu gewinnen hast. Da draußen wartet ein völlig neues Leben auf Dich! Ein Leben voller Liebe, Freude, Erfolg und Lebendigkeit. Ein Leben voller Farbe und Musik! Ein Universum, welches ununterbrochen nichts anderes tut, als Dich zu unterstützen und Dir alle Deine Wünsche zu ermöglichen. Nicht die Welt ist das Problem, sondern derjenige, welcher in ihr lebt: Du.

Das menschliche Gehirn nimmt in der Bewusstseinsforschung einen prominenten Platz ein. Nicht nur deswegen, weil es so wichtig und komplex, ja, geradezu genial, sondern auch deswegen, weil es sehr, sehr dominant ist. Vor allem beherrscht es einen tollen Trick, nämlich: Dich glauben zu machen, dass es Du sei. Dein Gehirn erschuf mit den Jahren eine eher schlechte Kopie von Dir. Das nennt man Ego. Ego ist lateinisch und bedeutet: Ich. Der Verstand bemüht sich also ununterbrochen Dir glauben zu machen, dass Du das bist. Wenn Du ihn fragst: Wer bist Du? Dann würde er vermutlich mit Deinem Namen antworten oder er würde sagen: Ich bin ich. Das Ego verrät sich also immer gerne selbst. Ja, es sagt übersetzt: Ich bin Dein Ego. Ja super, eigentlich wäre das ja ganz klar. Es ist also nicht Ich, sondern eben „mein Ego". Und das sagt es ja auch. Antwortet es mit Deinem Namen, dann bemerke einfach, dass es Dir nicht Deine Frage beantwortet, sondern nur sagt, wie Du heißt. Aber sorry, Du hast ja nicht gefragt: Wie heißt Du? Sondern: Wer bist Du? Ja, Du heißt zwar so, aber das sagt rein gar nichts darüber aus, wer oder was Du wirklich bist!

Der Verstand ist deswegen aber keineswegs schlecht! Er wäre sogar ein guter Diener, ein tolles Werkzeug. Aber das Ego, Dein Verstand ist auf keinen Fall ein guter König. Bewusstseinsforschung befasst sich daher damit, den Verstand wieder auf den richtigen Platz zu verweisen. Anders gesagt: Der Verstand ist ein guter Soldat, aber ein schlechter General. Er besitzt nicht den Überblick. Er funktioniert wirklich gut im Kleinen, aber für das Große und Ganze fehlt ihm die Weitsicht. Ihm fehlt Überblick. Er ist ein gutes Mikroskop, aber ein schlechtes Fernrohr. Doch hier kommt die gute Nachricht: Es lässt sich umbauen. Aus dem Mikroskop lässt sich leicht ein Teleskop bauen. Es ist ja eigentlich auch alles da, was man braucht.

Wenn ich also sage, dass nicht die Welt, sondern Du das „Problem" bist, dann meine ich nicht Dich, ich meine nicht das, was Du in Wirklichkeit bist, sondern ich meine Deinen Verstand. Du bist schon voll in Ordnung, aber Dein Verstand, Dein ursprünglicher Diener, hat sich über die Jahrzehnte einen viel zu hohen Status über Dich ergattert.

In erster Linie geht es also darum, allem wieder seinen richtigen Platz zuzuweisen. Es geht nicht darum, das, was uns gegeben ist, einfach blind zu verteufeln. Vergiss das bitte niemals! Dein Verstand wird sich sowieso immer angegriffen fühlen, vor allem wenn er in Frage gestellt wird. Das macht ihn rasend. Versuche also immer, den

Unterschied zwischen Dir, Deinem wahren Sein, und Deinem Ego-Verstand klar getrennt voneinander und bewusst zu behalten. Wenn ich Dich, das, was Du wirklich bist, in Frage stellen würde, dann würdest Du ganz ruhig und gelassen bleiben und Dir vielleicht denken, dass dies oder das eine gute Frage war. Der Verstand wird sich darüber aber eher schnell empören. Warum eigentlich? Weil Dein Verstand immer alles persönlich nimmt. Du darfst ihn nicht in Frage stellen. Er wird Dir sofort das Gefühl geben, dass Du, wenn Du ihn in Frage stellst, schnell Dein ganzes Leben in Gefahr bringst. Ungeachtet dessen natürlich, dass es längst schon in Gefahr ist. Denn wo der Verstand im Kleinen sehr hilfreich sein kann, so ist und bleibt er im Großen ein schlechter Führer. Er will Dich gar nicht führen, er will Dich beherrschen. Also wird er auch genau das tun, er wird Dir öfters raten, Dich doch bitte zu beherrschen. Stelle nichts in Frage, schon gar nicht mich. Dadurch verrät er wiederum, dass es ihm nicht um Dein Glücklich-Sein geht, sondern darum, recht zu haben. Gib dem Ego recht und es ist zufrieden. So einfach ist er gestrickt, Dein Verstand.

Und noch ein Aspekt: Das menschliche Gehirn als Werkzeug des Egos bewegt sich ausschließlich innerhalb der Polarität. Es kennt sich richtig gut aus mit Ja und Nein, mit Schwarz und Weiß, Richtig und Falsch etc. Wie ein Computer: 1 und 0. Aber eben, liebe Bewusstseinsforscher, das Leben spielt sich in weit größeren Dimensionen ab, nicht nur in 1 und 0. Das Spektrum bewegt sich zwischen 1 und 10! Aber einfältig, wie der Verstand so ist, hat er sich gedacht, dass die 1 bei der 10 ja eh schon vorhanden ist und hat die 10 damit auf ein Zeichen zusammengekürzt. Ist doch auch eine Möglichkeit, oder? Ja klar, damit kann nämlich jeder seine Ignoranz entschuldigen. Ist das Schwarz oder Weiß? Ok. Weiß. Schon erledigt. Alles wäre gut und logisch und der Verstand wäre glücklich und zufrieden damit, ja, das Papier ist weiß. Aber was, wenn da nun plötzlich einer käme, vielleicht ein Kunstmaler oder Graphiker oder sonst jemand, der sich intensiv mit Farben beschäftigt hat, und sagen würde: Hm ... also für mich hat das hier einen deutlichen Gelbstich. Ich würde nicht sagen, dass das Weiß ist, eher Chamois (das ist ein leicht gelbliches Weiß). Jetzt geht es los. Wer hat jetzt recht?

Auch ich werde im Laufe dieses Buches Deinen Verstand, Dein Ego, zum Rechthaben provozieren. Dabei geht es mir jedoch nicht darum, recht zu haben, sondern darum, dass Du Dich selbst beobachtest. Beobachte, wie Dein Verstand sich immer mal wieder darum bemüht, im Recht zu bleiben. Beobachte ebenfalls, wie glücklich Dein Ego ist, wenn es meine Ansichten teilt. Ja, es funktioniert so einfältig. Sagt jemand etwas, was gleich oder ähnlich ist, dann freut er sich, und wenn nicht, dann nervt ihn das. Sofort wird er tausendundein Argumente zusammenkramen, um zu beweisen, dass er im Recht ist. Dabei lässt er großzügig alles außer Acht, was als Beweis für andere Ansichten dienen könnte und seinem Standpunkt damit gefährlich würde. Also filtert er. Ja, der Verstand ist auf jeden Fall ein perfekter Filter und lässt oft nur das durch, was dem bereits Vorhandenen entspricht. Sollte der Verstand also irgendeiner Begebenheit gegenüberstehen, welche nicht in sein vorgeprägtes Bild passt, wird er sich ohne mit der Wimper zu zucken eine für ihn plausible Erklärung konstruieren. Diese muss in keinster Weise der Realität entsprechen, Hauptsache, sie sieht für ihn logisch und glaubwürdig aus.

Also, es eröffnet sich uns ein hochinteressantes Forschungsgebiet. Lass uns da mal ein wenig tiefer eintauchen.

Du bist das Problem

Ich weiß, das klingt gar nicht gut. Aber da ist Hoffnung drin, denn wenn Du das Problem bist, dann kannst Du es auch ändern! Manche Menschen glauben, dass die anderen, die Welt oder was auch immer für ihren Frust verantwortlich seien. Das stimmt so nicht. Die Welt ist keine Frustration, sondern eher eine Faszination! Die anderen sind auch nicht das Problem, sondern sie sind einfach so, wie sie sind. Welchen Typ von Mensch ich in mein Leben hineinziehe, das obliegt nur mir, mir ganz allein.

Du kennst mit Sicherheit das Gesetz der Resonanz, oder? In ganz kurz besagt es: Wie man in den Wald hineinruft, so tönt es auch heraus. Was ich sähe, werde ich ernten. Die Welt ist ein Spiegel von mir. Ganz einfach. Komisch nur, dass die meisten Menschen das ohne Probleme bejahen, zumindest so lange, solang es etwas Gutes ist, das da zurücktönt. Ansonsten sind es ganz schnell wieder die Anderen. Zuerst bin ich „verantwortlich", dann aber sind die anderen „schuld". Ist diese Wortwandlung nicht wegweisend?

Die Welt und die Menschen, welche in derselben Welt wie Du leben, sind keine Feinde, sondern Team-Mitglieder. Sie sind nicht gegen Dich, sondern für Dich. Ja, das gesamte

Universum arbeitet immer und ausschließlich für Dich! Es gibt nur ein einziges Problem: Du und Deine Sichtweise der Dinge.

Ich schätze, Du betrachtest das Ganze bisher aus einer viel zu engen Perspektive. Es geschieht etwas und Du betrachtest es in Bezug auf den gegenwärtigen Augenblick, auf ein paar Tage, auf Wochen oder Monate oder wenn es hochkommt, dann in Bezug auf Jahre. Ich habe mir antrainiert, alles in Bezug auf mindestens ein Jahrhundert zu betrachten. Um letztlich beurteilen zu können, ob etwas gut oder schlecht für Dich gewesen ist, musst Du Deinen Betrachtungsmaßstab so weit wie möglich ausdehnen! Am besten so weit, bis Du erkennen kannst, dass es gut für Dich war, genau dieses oder jenes erfahren zu haben. Und dies hat rein gar nichts mit positivem Denken zu tun – denn es ist, was es ist –, sondern eher damit, die Dinge aus einer weiteren Perspektive heraus besser verstehen zu wollen. Auch dann, wenn es möglicherweise schmerzhaft für Dich ist. Aber bedenke, anhand der Schmerzhaftigkeit von Erfahrungen lässt sich niemals darauf schließen, ob etwas nun gut oder schlecht gewesen war oder ist.

Alle Sichtweisen, die darin enden, dass etwas Vergangenes schlecht für Dich war, ist zu begrenzt und somit nicht wahr. Ja, es hat geschmerzt, ok, aber das alleine ist kein Indikator dafür, dass es Dir letztlich nicht doch zu Gutem gedient hat (oder noch verhelfen wird). Du solltest also nicht zu früh urteilen, denn je früher ein Urteil gefällt oder eine Meinung gebildet wird, desto größer ist die Wahrscheinlichkeit, dass dieses Urteil falsch sein wird.

„Problem" heißt: Fragestellung

Wenn ich also sage, dass Du das „Problem" bist, dann heißt das, dass Du die „Fragestellung" bist. Von der Bedeutung des altgriechischen Wortstes her bedeutet „Problem", Problematon, das, was zur Lösung vorgelegt wurde. Es handelt sich also weniger um etwas „Problematisches", sondern eher um ein Rätsel, welches gelöst werden will. Somit könnte es auch Spaß machen und eine interessante Herausforderung sein, das Rätsel zu lösen.

Und wenn ich sage, dass Du das Problem bist, dann bist auch Du das Rätsel, welches es zu lösen gilt. Eine solche Betrachtung bringt uns der Lösung schon ein beträchtliches Stück näher.

Das Fragwürdige am und in Deinem Leben bist also Du. Welche Frage oder welches Rätsel könntest Du denn sein? Finde dies heraus und löse beziehungsweise beantworte es und schon ist die Geschichte gebongt. Ansonsten bleibt Dir nur die Möglichkeit, alle Fragen und Rätsel „des Lebens" lösen zu versuchen und mit Sicherheit nie zum Ende zu kommen.

Ja, so ist es, wenn man sich mit der Oberfläche anstatt mit der Tiefe des Seins befasst. Das eine ist rasch erledigt, das andere dauert ewig. Nun, was bevorzugst Du?

Ich denke, das größte Problem ist, dass der Verstand immer am falschen Ort sucht, die falschen Rätsel löst und die falschen Fragen stellt. Aber vergiss nicht: Eigentlich bist Du die Frage und die Welt ist Deine Antwort.

Wenn, bildlich gesprochen, Weizen auf dem Feld eines Bauern wächst, dann ist die Frage: Wie kam es wohl dahin? Na klar, er hat es wohl gesät. Das Rätsel entsteht dann, wenn er behauptet, dass er niemals Weizen, sondern Mais gesät habe. Wie geht denn so was? Wie ist es möglich, dass er Weizen erntet, obwohl er Mais gesät hat? Tja, entweder er lügt oder er weiß nicht mehr, was für eine Saat er ausgebracht hat, oder er erntet auf einem fremden Feld. Tja, oder er täuscht sich ganz einfach.

Also, noch einmal zum allgemeinen Verständnis: Wenn Du in Deinem Leben etwas Anderes erlebst, als Du möchtest, dann hast Du es, ob Du willst oder nicht, auch selbst erschaffen. Gut, möglicherweise weißt Du es nicht mehr, aber das ändert nichts. Solltest Du zum Beispiel etwas Wundervolles geerntet haben, was Du in Wirklichkeit nicht gesät hast, dann kann es natürlich sein, dass es Dir wieder abhandenkommt. Gräme Dich also nicht darüber, dass Du etwas verloren hast, sondern freue Dich, dass Du es zumindest eine Zeit lang genießen durftest! Aber wenn die Zeit vorbei ist, dann gib es freudigen Herzens wieder her, damit es dorthin fließen kann, wo es hingehört.

Ja, so sehe ich das. Einerlei ob es sich nun um Geld, Freunde, Geliebte, Kinder, Jobs oder was auch immer handelt. Wenn es gehen will, dann lass es ziehen.

Der Grund, weshalb so viele Menschen über zu wenig Geld verfügen, liegt nicht an der ungerechten Verteilung, sondern daran, dass die meisten Menschen Geld in Wahrheit verabscheuen oder geradezu vergöttern. Entweder hast Du gelehrt bekommen, dass Geld das Einzige ist, was zählt, oder genau das Gegenteil. Je nachdem, welche

Lehrer Du hattest. Wenn Du Pech gehabt hast, dann wurde Dir beigebracht, dass Armsein etwas Besseres sei oder Bescheidenheit – womit sie natürlich wenig Geld zu haben meinten – eine Tugend. Wenn dies der Fall war, dann wird es Dir ziemlich schwer fallen, reich zu werden. Manchmal wird uns auch über die Medien weisgemacht, dass reiche Menschen schlecht seien, so dass wir uns ein Leben lang davor hüten, allzu reich zu werden. Keiner wird Dir wohl gesagt haben, dass Geld immer nur so schmutzig ist wie die Hände, in denen es sich befindet, oder? Wenn doch, dann achte einfach darauf, dass Deine Hände sauber sind, dann ist es nämlich auch das Geld, welches Du möglicherweise hast.

Der Grund, weshalb viele Menschen über einen Mangel an Liebe im Freundeskreis klagen, ist nicht der, dass alle Menschen schlecht sind, sondern dass sie selbst zu wenig lieben. Ich weiß, das klingt nicht sympathisch, aber ich sagte ja schon, dass Du das „Problematon" bist und nicht die Welt. Du kannst das, was ich sage, ganz leicht prüfen: Ziehe einfach etwas Anderes als Dein eigenes Thema und falls nötig einen anderen Menschen für Deine Betrachtung herbei. Du wirst rasch erkennen, dass bei allen anderen Deine Betrachtung wohl stimmt, nur nicht bei Dir und in Deinem „speziellen" Fall. Und genau so sieht es für die Anderen eben auch aus. Zumindest solange sie die Verantwortung dafür nicht übernehmen wollen. Dies allerdings beweist die Korrektheit meiner Aussage. Ja, der Mensch ist das Problem, Du.

Entschuldige, aber ich muss es so deutlich sagen, sonst suchst Du die Lösung noch lange am falschen Ort. Und ich möchte doch so gerne, dass Du Dein Leben so fest in Deine Hände nimmst, dass Du alles bekommen kannst, was Du haben möchtest! Ich sage das nicht, um Dich zu verletzen, ganz bestimmt nicht. Ich möchte gerne, dass sich alle Deine Wünsche erfüllen. Denn danach könntest Du zum zweiten Schritt weitergehen. Dieser Schritt führt Dich vom Haben zum Sein.

Du kannst nun gerne sagen, dass Du das Sein bevorzugst, aber vorziehen kann man es nicht. Vorsicht also. Bloß das Sein vorzuziehen, weil es mit dem anderen nicht geklappt hat, funktioniert nicht. Es muss schon ein Herzenswunsch sein. Alles, was mehr als bloß äußerlich ist, bedingt eines reinen Herzenswunsches. Die Beherrschung der Materie steht immer vor der Beherrschung des Geistes!

Das Besserwissen

Darüber zu schreiben oder es nur schon zu erwähnen, beschert mir eine Gänsehaut. Wie leicht könnte man doch gleich zurückwerfen, dass ich doch selbst ein Besserwisser bin. Ja, aber dies ist gleichzeitig auch die einzige Antwort, die man zu hören bekommt, wenn man das Thema anschneidet. Dennoch, man sollte sich tatsächlich in Acht nehmen. Nur allzu schnell rutscht man vom Wissen ins Besserwissen, vor allem dann, wenn jemand eine andere Meinung als man selbst hat.

Das Leben fürchtet nicht die verschiedenen Meinungen, im Gegenteil, es versucht, es uns allen recht zu machen, und auch, uns allen recht zu geben. Zumindest sofern es möglich ist. Gewisse Dinge jedoch sind einfach wirklich nur schwer, sehr schwer möglich. Zum Beispiel, dass man Mais erntet, obwohl man Weizen gesät hat. Dies schafft nicht einmal der liebe Gott. Soviel ich weiß zumindest nicht.

Manches sieht vielleicht aus wie Zufall, Schicksal oder Karma, aber in Wirklichkeit hat jedes Geschehen in Deiner Welt denselben Ursprung: Dich. Du bist Dein Schicksal und Du bist Dein Karma. Es kann in Deinem Leben nichts geschehen, was Du nicht selbst verursacht hast. Bitte merke: Ich spreche von „verursachen", nicht von „Schuld". Das ist ein wesentlicher Unterschied, denn der Verursacher ist Schöpfer, wohingegen der Schuldige das Opfer ist. Als Opfer bleibt Dir nichts Anderes übrig, als das Leben zu ertragen. Wenn es das ist, was Du möchtest, gut. Als Schöpfer jedoch hättest Du die Möglichkeit, es zu gestalten, und ich persönlich ziehe diese Variante dem Opfersein vor. Aber hier wie überall, es ist beides in Ordnung und beides Deine Entscheidung. Aber bedenke eines: Auch keine Entscheidung zu treffen, ist eine Entscheidung!

Das Leben lässt alles zu, bis auf eins: Verantwortungslosigkeit. Einerlei ob Du Dich für irgendetwas verantwortlich fühlst oder nicht, Du bist es. Ansonsten ist die Schöpfung perfekt. (Dies ist bitte ironisch gemeint :-). Ja, die Welt, in der Du lebst, funktioniert wie ein Spiegel. Sie spiegelt Dir alles das, was Du bist. Gnadenlos, wertungsfrei und unbestechlich. Zu sagen, dass dies oder jenes, was mir geschieht, nichts mit mir zu tun hat ist verantwortungslos und dumm oder ... und das auf jeden Fall, Unwissenheit. Einfach zu sagen, dass etwas wohl Zufall sein muss, nur, weil man das Zustandekommen nicht versteht, ist nicht so wirklich weise. Anstatt an Zufälle, Schicksal und Karma zu glauben, wäre es sinnvoller und freiheitlicher, an die unbegrenzten Möglichkeiten, welche Dir innewohnen, zu glauben, oder etwa nicht? Was macht denn mehr Spaß, Opfer- oder Schöpfersein?

Das Opfer hat immer einen Schöpfer über sich. Entweder sind das schöpferische Menschen oder irgendwelche unabänderlich scheinende Gesetze geistiger oder auch irdischer Natur. Dass dadurch die persönliche Freiheit natürlich um einiges eingeschränkter ist, versteht sich von selbst. Aber natürlich hat auch das Opfersein so seine Vorteile: Man braucht keine Verantwortung für sein Leben zu übernehmen. Zumindest nicht für das Unangenehme und Unverständliche in seinem Leben. Doch verändern kann man es nur dann, wenn man auch die Verantwortung zu übernehmen bereit ist. Warum? Weil Verantwortung und Macht zusammengehören wie Zwillinge. Auch das Opfer hat Macht, allerdings nur auf Schwächere und die Schwächeren sind nun mal nicht die, welche zu Großem im Stande sind. Willst Du also selbst Großes vollbringen, so musst Du wachsen und schöpferischer werden. Das Opfer ist das Problem, der Schöpfer die Lösung. Nun entscheide Dich.

Nachdem Du Dich entschieden hast, handle, denke und fühle auch dementsprechend. Und beachte Folgendes: Es ist nicht schöpferisch zu denken: „Ich will Schöpfer sein." Das ist die Aussage eines Opfers. „Ich bin Schöpfer", das ist eine schöpferische Aussage! Das ist die Wahrheit, ob Du willst oder nicht!

Warten auf ein Zeichen?

Viele sagen sich, dass sie auf ein Zeichen warten, damit sie wissen, wo sie langgehen sollten oder was das Beste für sie wäre. Aber nur Opfer warten auf ein Zeichen des Himmels. Ich schlage daher vor, Zeichen zu setzen. Ja, setze Dir selbst ein Zeichen! Denn alle anderen Zeichen wirst Du so deuten und interpretieren, wie es Deinem gegenwärtigen Bewusstseinsstand entspricht. Und da nur Opfer auf Zeichen warten, werden auch die Zeichen opferhaft interpretiert. Selbst wenn man sie als „gut" deutet. Die Sterne können stehen, wie sie wollen, die Hellseher können sagen, was sie wollen, die Engel können verkünden, was sie wollen, die Wirtschaft kann sein, wie auch immer sie ist, die Leute können tun, was immer sie wollen, einen Schöpfermenschen kümmert das wenig. In jeder Begebenheit liegt eine Chance. Sie jedoch zu packen, das ist unsere Aufgabe. Und ich würde das tun, bevor die Welt Dich packt, denn sie wird möglicherweise ganz andere Ziele verfolgen als Du.

Hingabe an das Leben ist es, um was es geht. Hingabe ist eine Sache von Schöpfermenschen, welche dermaßen unerschütterlich in die Vollkommenheit des Universums vertrauen, dass sie WISSEN, dass alles gut ist und es nicht bloß glauben. Hingabe erfordert einen Mut, zu welchem ein

Opfer niemals fähig sein kann. Mut und Hingabe in unvergleichlichem Ausmaße.

Schöpfer-Sein ist keine theoretische Angelegenheit. Es reicht nicht, es bloß zu wissen und darüber gelesen zu haben oder zu wissen, was man tun sollte. Genauso wenig, wie man ein Buch über ein Solarium lesen kann und danach gebräunt ist, genauso wenig ist es möglich, das Leben als Schöpfer theoretisch abzuhandeln oder einfach zu wissen, wie es gehen würde. Solche Dinge muss man tun, bevor man weiß, wovon man redet. Und man muss es oft tun, um es auch beherrschen zu lernen, um zu lernen, auch in schwierigeren Situationen nicht in die alten Muster zurückzufallen. Es reicht ja schließlich auch nicht aus, nur einmal ins Solarium zu gehen, um so richtig schön braun zu werden, oder? Und so nebenbei gesagt, eine künstliche Sonne wird selbst dann, wenn man sich in ein Solarium hineinlegt, nicht dieselbe Wirkung haben wie die echte Sonne! Künstliche Sonnen sind auch „positiv Denken", „hoffen auf bessere Zeiten" oder das Warten auf himmlische Führung. Du musst es wagen, Dich ins richtige Leben als Schöpfer hineinzubegeben. Sonst wird Dein Leben nicht mehr als bloß eine nette Vorstellung von einem netten Leben, welches in Wirklichkeit nie stattgefunden haben wird. Daher mein folgender Leitspruch: Raus aus der Illusion – rein in die Wirklichkeit.

Die Wirklichkeit

Die Wirklichkeit ist in der Tat wesentlich anders als das, was die Menschen bisher als Realität bezeichnet haben. Realität wird aus drei verschiedenen Ebenen unterschiedlich wahrgenommen: aus einer abhängigen, einer unabhängigen und einer freien Ebene. Der unfreie Mensch verknüpft alles so, dass er dabei als Opfer dasteht, der Unabhängige so, dass immer ganz deutlich ist, dass er nicht abhängig ist, und der freie Mensch so, dass es einfach immer wunderbar ist. Der abhängige Mensch lebt also verantwortungslos, der Unabhängige verantwortungsvoll und der freie Mensch schöpferisch.

Der Verstand ist einfach nie so ganz in der Lage, das Opfersein vollumfänglich abzulegen. Ich deute also an, dass der freie Mensch sich weitestgehend von der Diktatur des Verstandes gelöst hat. Denn in der Tat ist Freiheit eine Frage des Sich-vom-eigenen-Verstand-gelöst-Habens. Der freie Mensch fragt sich nicht mehr, weshalb, warum oder wieso dies oder jenes zustande gekommen ist. Er muss nämlich weder dafür eine Bestätigung haben, dass er Opfer der Umstände ist, noch dafür, dass er unbedingt der Schöpfer gewesen sein muss. Das Ego, das solltest Du wissen, benötigt immer und für alles, was ist, eine Bestätigung. Sobald sich der Verstand nicht bestätigt fühlt, betrachtet er sich als Opfer. Das Gehirn unterliegt dem Zwang, für alles immer eine Erklärung haben zu müssen. Und wie gesagt, irgendeine. Hauptsache, sie fügt sich gut in die bereits bestehenden Denkstrukturen ein. Was nicht passt oder nicht passend gemacht werden kann, wird kurzerhand als falsch deklariert.

Der Verstand, ein Hypnotiseur?

Und ob. Der Verstand ist wohl der beste Hypnotiseur, der je existierte. Er lässt sich nicht nur gut hypnotisieren, er hypnotisiert sich auch vorzugsweise gerne selbst. Und diese Hypnose, vorwiegend die Selbsthypnose, ist wohl die größte Ursache menschlichen Leides.

Es ist wichtig zu wissen, dass die Menschen sich gerne selbst in die Kreationen hineinhypnotisieren, hineindenken und hineinreden. Ja echt, eigentlich sind ihre Probleme gar nicht so schwerwiegend. Das muss man zuerst machen! Aber im Grunde genommen erzählen sie bloß Geschichten, erzählt aus der schlimmstmöglichen Sichtweise inklusive sämtlicher Bewertungen, Überzeugungen und allen nur möglichen persönlichen Filtern. Das bedeutet nun aber nicht, dass wir die Erfahrung deswegen geringschätzen sollten, aber es ist gut zu wissen, dass rund 90 % der Auswirkung bloß selbst hypnotisierte sind. Und mit jedem Mal, wenn jemand seine „Geschichte" aus diesem Standpunkt heraus wiederholt, verstärkt er seine Trance.

Aber nicht nur sie selbst werden dadurch paralysiert und immer tiefer ins Leid hineingezogen, auch die anderen um sie herum laufen Gefahr, in die Problem-Trance miteinzutauchen. Auch Therapeuten, Psychologen und Coaches tappen in diese hypnotischen Fallen. Es ist die typische „Therapeutenfalle". Damit meine ich, dass man die Geschichten zu ernst nimmt und damit tatsächlich als Problem bestätigt. Das eigentliche Problem ist aber genau das: Man nimmt das Problem zu ernst und somit bestätigt man es erst. Dadurch wird man zum Problem, nicht aber zur Lösung.

Hypnose arbeitet oft mit Suggestion, um gezielte Bereiche des Gehirns und des Bewusstseins zu stimulieren und je nachdem in Resonanz zu bringen, um in der Folge bestimmte Handlungsweisen und somit Erfahrungen in der persönlichen Realität zu integrieren. Nun muss man aber nicht glauben, dass dies immer so wie bei diesen Showhypnotiseuren abläuft. Ein Wort und schon macht und glaubt der Hypnotisierte alles. Nein, das wäre doch viel zu banal. Auf brutalste Art und Weise funktionieren die Techniken des Mind-Control. Sie machen sich folgende Erkenntnis zu Nutze, zum Beispiel Schmerz und Schock. Beide vermögen Bewusstsein zu spalten. Je schmerzhafter ein Trauma, desto größer die Spaltung und umso effizienter können Suggestion und Manipulation greifen. Man nutzt dabei den sogenannten Verdrängungsmechanismus des Verstandes. Er kommt immer dann zum Zug, wenn der Mensch seinen Schmerz, sowohl physischen wie auch psychischen, nicht mehr ertragen zu können glaubt. Detaillierter möchte ich an dieser Stelle jedoch nicht auf die grausamen Praktiken gewisser gewissenloser Menschen und Vereinigungen eingehen. Darüber sind schon ausführliche Bücher und Berichte verfasst und auch veröffentlicht worden.

Viel lieber möchte ich kurz beleuchten, wie sich die Menschen selbst durch bestimmte Suggestionen, Mantren, Gebete und vielzählige andere Praktiken hypnotisieren. Diese sind sehr effizient. Interessant dabei ist, dass nicht derjenige, der man gerade ist, sich manipulieren lässt, sondern dass wir durch diese – meist mentalen – Indikatoren einen sogenannten „Identitäten-Shift" vollziehen. Das heißt, dass ein sonst ruhiger und besonnener Mensch durch Resonanz auf bestimmte Reize wie Wörter, Aussagen, Gesten, Geräusche oder eben körperlichen Schmerz etc. plötzlich zu einem ganz anderen wird. Plötzlich wird er zum Beispiel zornig, laut und unberechenbar. Es ist aber nicht der Ruhige, der sich verwandelt, sondern diese Identität tritt einfach in den Hintergrund und macht Platz für eine Alternative. So gesehen sind es eigentlich zwei verschiedene Identitäten, die untereinander ganz klar geregelt haben, wann wer im Vordergrund agiert und wer im Hintergrund verschwindet. Es ist ein perfektes Teamwork, indem sich beide gegenseitig das ermöglichen, was sie an Erfahrung haben wollen, um sich selbst danach besser oder schlechter zu fühlen, je nachdem.

Aus meiner Sicht ist da also kein Opfer, nirgendwo. Aus meiner Sicht ist da nur ein Täter, obgleich womöglich auch sehr unbewusst.

Unbewusstheit entsteht dadurch, dass wir – meist ganz gezielt – nicht dahin schauen, wo wir gewisse Vorteile verlieren könnten. Echte Unbewusstheit kann es damit eigentlich gar nicht geben. Sie ist bloß inszeniert.

Möglicherweise ist es so, dass diese schon so alltäglich geworden ist, dass die Menschen es deshalb schon gar nicht mehr wahrnehmen. Alles geschieht ganz automatisch. Auch an diesem Punkt dürften die Menschen alle noch viel bewusster und viel verantwortlicher sich selbst gegenüber werden.

Welche Signale der Selbsthypnose sind zum Beispiel in Aussagen von Menschen enthalten? Welche sollten dem aufmerksamen Zuhörer erkennbar werden und sollten uns – besonders dann, wenn sie von uns selbst stammen – aufhorchen lassen? Es sind Formulierungen wie die folgenden:

- Es ist nicht leicht ...
- Es ist schon schwer ...
- Es ist einfach so ...
- Ich kann nichts dafür ...
- Ich konnte nicht anders ...
- Das kann ich leider auch nicht ändern ...
- Ich musste ...
- Es blieb mir nichts anderes übrig ...
- Ich war gezwungen ...
- Wenn-dann-Formulierungen (Wenn (...) das nicht (...), dann hätte ich (...))
- Es geht mir um die Gerechtigkeit ...
- Ich bin, wie ich bin!
- Weil ...
- Niemals ...
- Immer ...

Auch sobald Begründungen oder Rechtfertigungen für das eigene Verhalten oder die entsprechenden Erfahrungen vorausgeschickt oder nachgeschoben werden, sind das eindeutige Indizien einer laufenden Selbsthypnose. Dies dient alleine dem Zweck, sich selbst das, was man glauben möchte, noch mehr einzureden, um unschuldig oder zumindest unschuldiger sich zu fühlen. Diese Methode der Selbstindoktrination, wie ich das auch nenne, muss jedoch laufend an Energie gewinnen, soll es das innerste Gefühl übertönen. Auch die innere Stimme wird immer deutlicher und muss daher immer heftiger unterdrückt werden. So werden solche Formulierungen wie oben genannt immer häufiger und auch immer lauter.

Also, sobald Dich jemand – oder auch Du Dich selbst – von der Ernsthaftigkeit eines Problems überzeugen will, ist Wachsamkeit gefordert! Sie wollen einfach, dass Du mit ihnen übereinstimmst und ihre Probleme als Probleme bekräftigst. Dann haben sie gewonnen. Erstens können sie so bleiben, wie sie sind, und zweitens bekommen sie die von ihnen gewünschte Aufmerksamkeit für ihr Problem. Der Verstand will die anderen immer zu Verbündeten machen, denn er sagt sich: Wer nicht für mich ist, der ist gegen mich, und wer gegen mich ist, der ist mein Feind. Somit wird jeder Freund, Therapeut oder Coach, welcher sich nicht in das Problem mit hineinziehen lässt und echte Hilfe leisten könnte, abgelehnt. Freundschaft und Sympathie wird umgehend entzogen und in Feindschaft verwandelt. Daher werden sie Dich nicht mögen, wenn Du eine echte Hilfe für sie sein könntest. Das ist einerseits befremdlich, aber auch andererseits verständlich. Denn jeder lösungsfähige Ansatz widerspricht natürlich den bisherigen Betrachtungsstrukturen und das muss es auch. Denn Probleme, welche von einem bestimmten Bewusstsein erzeugt worden sind, können nun mal nicht mit demselben Bewusstsein gelöst werden. Das Opferbewusstsein erschafft die Probleme, aber lösen kann es letztlich nur das Schöpferbewusstsein. Daher ist ein Bewusstseinswandel immer die Voraussetzung zur Lösung von Problemen. Einerlei, um welche Problematik es sich auch handeln mag.

Aber weshalb steigen wir denn überhaupt noch in so etwas ein? Weil wir dem andern zeigen wollen, dass wir Mitgefühl haben. Was allerdings eine Lüge ist. Denn hätten wir tatsächlich das entsprechende Maß an Wertschätzung – auch für das Problem – und natürlich für den Menschen an und für sich, dann wäre dies erstens nicht sinnvoll und zweitens auch in keinster Weise eine Hilfe.

Unterstützung

Was aber könnte man tun, um andere wirklich optimal zu unterstützen? Zuerst einmal müssen wir uns selbst optimal unterstützen. Wir müssen lernen, bei uns selbst noch genauer hinzuschauen und sich selbst noch weniger durchlassen als bisher. Im besten Falle lässt Du Dir gar nichts mehr durch oder besser gesagt entgehen. Denn es sind Chancen für Dich, welche Dir letztlich durch Dein Wegschauen entgehen! Höre auf damit, Dir selbst immer und immer wieder gewisse Dinge einzureden. Sollte Dir bei einem andern auffallen, dass er sich immer wieder versucht etwas einzureden, dann sag auf keinen Fall: „Du redest Dir das bloß ein." Das wäre sehr kontraproduktiv. Besser wäre es zu fragen: „Fällt es Dir auch auf, wie oft Du sagst: „Es ist schwer" etc.? Ja? Ok, was denkst Du denn, was eine solche sich ständig wiederholende Affirmation in Deinem Leben bewirkt?"

Wenn Du so fragst, dann hat der andere die Chance, selbst zu erkennen, was er tut und wohin es führt, und zwar ohne es als Vorwurf oder Belehrung zu empfinden. Dies macht es ihm umso leichter, es auch anzunehmen. Denk dran, das Ego nimmt nie gerne Belehrungen an. Es kommt sich immer klein vor, wenn es nicht alles selbst weiß.

Die grundsätzliche Haltung anderen gegenüber sollte bestenfalls „Dankbarkeit und Wertschätzung" sein: Sei dankbar, dass dieser Mensch mit genau diesem Problem auf Dich zukommt, und wertschätze ihn als Schöpfer. Es ist ein Geschenk an Dich, ein Angebot, eine Einladung, etwas zu integrieren, was Du ohne diesen Menschen doch glatt übersehen hättest. Wenn dies unsere Grundhaltung ist, dann fällt es dem Ego sehr, sehr schwer, sich gegen Dich zu stellen. Und das ist wichtig, denn wenn der Verstand alle seine Pforten verschließt, kommt keine auch noch so geniale Lösung durch zu dem Wesen welches jeder Mensch ja ist. Du solltest auch die Fähigkeit wegzuschauen als solche respektieren. Denn auch das ist eine Kunst, eine Fertigkeit, welche man sich jahrelang antrainieren musste. Ebenso das sich etwas einreden oder wie ich es hier nenne: sich selbst zu hypnotisieren. Alles hat grundsätzlich unseren Respekt und unsere Wertschätzung verdient. Das alleine ist die erfolgversprechende Basis, um andere und auch sich selbst optimal unterstützen zu können.

Jede einigermaßen moderne psychologische Therapieform ist sich bewusst, dass allem voran das klare und gesunde Bewusstsein des Therapeuten für erfolgreiche Unterstützung ausschlaggebend ist. Was Du an Dir selbst gelöst hast, kannst Du auch für oder mit anderen lösen.

Eine solche Methode wurde durch den hawaiianischen Psychiater Dr. Ihaleakala Hew Len bekannt. Er nannte sie Ho'oponopono und er betont, was ich schon immer sage und wozu die meisten Menschen aus irgendwelchen Gründen einfach noch nicht bereit sind, es zu tun: Übernehme zu 100 % die Verantwortung für alles was in Deinem Leben ist, und sei es auch noch so weit an der Peripherie.

Die Geschichte der Entdeckung der Wirksamkeit dieses Rituals spielt in der psychiatrischen Abteilung des Hawaii State Hospital. Diese war die gefährlichste Abteilung des gesamten Krankenhauses, voller geisteskranker Krimineller. Keiner arbeitete gerne hier, das Personal war überdurchschnittlich häufig krank und Kündigungen gingen beinahe monatlich ein oder die Mitarbeiter schmissen einfach ihren Job. Es war so gefährlich, dass Mitarbeiter, Ärzte und Pflegepersonal sich nur mit dem Rücken zur Wand durch die Klinik zu bewegen wagten. Also durchaus kein leichter Job.

Nun, Dr. Len sah nie einen dieser Menschen persönlich. Aber wie kann jemand helfen, wenn er die Patienten gar nicht zu sehen bekommt? Tja, ganz einfach ...

Während dem Studium der Patienten-Akten arbeitete er zugleich an sich selbst. Gleichzeitig begann auch die Heilung beim Patienten. Nach einigen Monaten wurden die „Wunder" dieser Selbstheilung sichtbar: Patienten, die sonst eingesperrt werden mussten, bekamen Freigang, Medikamente konnten abgesetzt werden und nach und nach wurden selbst Patienten, welche keinerlei Chancen auf Freilassung hatten, freigelassen. Aber auch das Personal veränderte sich, keine Kündigungen mehr, keine krankheitsbedingten Ausfälle mehr und zum Schluss waren plötzlich mehr Angestellte da als zur Betreuung der Insassen notwendig gewesen wäre. Das Resultat: Abteilung geschlossen, keine Patienten mehr.

Aber wie funktioniert das? Dadurch, dass Dr. Len sich selbst „heilte“, hat er auch die Welt, in der er lebt, geheilt. Er war sich bewusst, dass jene Patienten, mit denen er sich gerade beschäftigte, von ihm erschaffen wurden! Er hat die volle Verantwortung dafür übernommen und sein Bewusstsein so tief geheilt (so, wie wir es im Übrigen auch mit unserem Free Spirit Training tun), dass ein gewaltiger Prozess in Gang gesetzt wurde. Es war sein Leben und er betrachtete es als seine Probleme und dafür hat er die 100%ige Verantwortung übernommen.

Es gilt also zu erkennen, dass alles, was Du siehst, hörst, empfindest, erlebst, schmeckst, riechst oder berührst, Dein Leben ist und es somit in Deiner Verantwortung als Schöpfer liegt! Alleine dadurch – ohne dass Du ein Jesus oder Buddha sein musst – kannst Du Wunder vollbringen. Das Problem ist niemals im Außen, es handelt sich immer um eine Projektion Deines Innern und um es zu ändern, musst Du lediglich Dich selbst ändern. Eine solche Grundhaltung setze ich zum Beispiel bei meinen Trainern voraus.

Wenn Du das Geschehen in der Welt da draußen und die Geschichten der Menschen mit Wertschätzung betrachtest und Du Dir dabei bewusst bist, dass es Deine „Geschichten“ sind, dann fühlst Du automatisch nur ein Gefühl des Mitgefühls. Ja, stell Dir einfach vor, was die Menschen da draußen an Leid erfahren bloß aufgrund Deiner Schöpfungen. Dabei geht es hier nicht darum, Dich schuldig zu fühlen, sondern eben darum, dass Du Dich verantwortlich fühlst. Schuld ist immer Opferbewusstsein, wohingegen Verantwortung dem Schöpferbewusstsein entspricht.

Auf die Frage, was er denn genau getan hätte, antwortete Dr. Len: „Ich habe einfach immer wieder gesagt: Es tut mir leid und ich liebe Dich. Das war alles." Genau genommen bedeutet Ho'oponopono nichts anderes als einfach: „Etwas richtigstellen, einen Irrtum korrigieren".

Wenn es Dir nicht gelingt, 100%ig Verantwortung für alles zu übernehmen, so bedeutet dies, dass Du auch Deine Schöpferkraft nicht 100%ig angenommen hast. Entscheide Dich also: Bist Du nun Schöpfer oder nicht? Und wisse, dass nur ein Schöpfer „Wunder" tun kann. Solange Du Dich nicht als absoluter Schöpfer erkennen und anerkennen kannst, solltest Du keine „Wunder" erwarten, sonst wirst Du enttäuscht sein.

Möglicherweise hast Du persönlich kein Interesse daran, Schöpfer zu sein, aber vielleicht kannst Du Dich ja für den Anderen doch dazu entschließen? Für die unbewussten und leidenden Menschen in der Welt da draußen? Wir haben uns alle bloß selbst eingeredet, dass wir nicht Schöpfer sind, und uns im Anschluss daran sämtliche Beweise erschaffen, die dies belegen oder zumindest scheinbar bestätigen. Dieser Selbsthypnose können wir uns aber auch wieder entledigen und alsbald werden genauso viele Beweise für unser Schöpfersein sichtbar. Es ist nie eine Frage von „Fakten", wofür wir Beweise finden, sondern immer bloß eine Frage dessen, was und wie wir suchen. Beides ist insofern „real", dass es existiert. Beides ist natürlich abhängig davon, wie wir die Dinge interpretieren und mit welchen Filtern unser Verstand ausgestattet ist. Aber wenn der Verstand sowieso filtert und sich das heranholt, was er will, warum sollten wir dann nicht auch diese Fähigkeit für uns anstatt gegen uns einsetzen?

Die sogenannte Realität, welche nicht grundsätzlich einfach schon da ist und als Fakt existiert, sondern bloß eine Möglichkeit darstellt, funktioniert eigentlich ganz einfach. Beides ist immer vorhanden und wir können uns frei entscheiden, was wir sehen wollen. Entweder einen Kelch oder zwei Gesichter wie in dem berühmten Wechselbild, das Du leicht selbst googeln kannst.

Die Welt ist, wie wir sie sehen

Die Welt ist also nicht, wie sie ist, sondern wie wir sie haben wollen! Innerhalb der Bewusstseinsforschung ist das wohl das zentralste Thema. Schaut man mit einer roten Brille in die Welt hinaus, dann wird sie auch eine Rotfärbung aufweisen. Das kann man mit jeder Farbe ausprobieren und es wird immer so sein, es sei denn, man ist farbenblind. Für Farbenblinde sieht die Welt natürlich immer genau gleich aus. Das größte Problem jedoch sind nicht einmal die Farbenblinden, sondern jene, welchen ihre Brille scheinbar angewachsen ist und die alles immer nur durch denselben Filter betrachten. Das sind eben jene, welche unablässig behaupten, dass die Welt so und so ist und dass dies Fakt sei. Es sind jene „Stammtischphilosophen", welche immer alles ganz genau wissen und alle Andersdenkenden zu Idioten deklarieren. Vielleicht kennst Du ja auch solche Leute. Sie sind unbelehrbar und besserwisserisch. Ja, sie sind so von ihren eigenen Ansichten überzeugt, dass sie dafür sogar in den Krieg ziehen würden und es oft genug auch tun. Meist wurden sie ein Leben lang von der öffentlichen Meinung oder gewissen Schulungen und Ausbildungen dermaßen indoktriniert, dass sie es mittlerweile wirklich glauben, was sie sagen.

So gesehen lügen sie also nicht. Sie wurden nur so lange angelogen, bis sie es für die Wahrheit hielten.

Tja, so läuft das mit dem Verstand. Man braucht ihm nur lange genug immer und immer wieder dasselbe vorzulügen und irgendwann wird er es glauben. Das, was die Menschen also zu wissen glauben, ist meist nicht mehr als tausendfach wiederholte und gut verpackte Lügen, denen man glaubt. Es ist also ein Glaube und kein Wissen. Das ist wichtig zu wissen, denn gerade solche Menschen neigen dazu, ihren Glauben „Wissenschaft" zu nennen! Wissen ergibt sich aber nicht aus Erzählungen und Erkenntnissen anderer, sondern ausschließlich aus eigener Erfahrung und aus eigenen Forschungen. Daher rufe ich immer dazu auf, selbst zu forschen, anstatt sich auf die Forschungen anderer zu verlassen. Denn man kennt die Filter der anderen nicht. Und Filter, die man nicht kennt, kann man nur schwer von den Resultaten subtrahieren und somit bleibt jede Fremderkenntnis eine rein subjektive Angelegenheit.

Ich sage nicht, dass diese gezwungenermaßen falsch sein müssen, sondern bloß, dass es sinnvoll wäre, die Dinge selbst zu überprüfen. Das scheinbare Wissen anderer dient immer als gute Grundlage für eigene Forschungen, aber Ergebnisse einfach so zu übernehmen, bloß, weil sie einen offiziellen Stempel aufgedrückt bekommen haben, ist gefährlich. Auch offizielle Forschungen sind nur persönliche Forschungen einzelner Menschen wie Du und ich. Selbst die Wissenschaft entwickelt sich rasant und nicht selten überholt sie sich selbst. Früher oder später entpuppen sich selbst fundamentalste Erkenntnisse der Medizin und Physik als falsch. Dies geschieht im großen Stil momentan gerade durch die Quantenphysiker, welche bereit sind, über die gängigen Normen hinauszugehen, und es wagen, selbst unbestrittene Resultate früherer Forschungen noch einmal neu zu überdenken. Solchen Forschern werden wir in Zukunft zu verdanken haben, dass sich ganz neue Technologien entwickeln, von welchen wir heute nicht einmal zu träumen wagen. Sie sind es auch, welche die Verbindung von Geist und Materie salonfähig machen werden und in Folge unsere gesamte bisherige Weltanschauung über den Haufen werfen werden.

Für einen Bewusstseinsforscher wird dies eine enorme Hilfe bedeuten, da dieser für seine Forschungen meist nicht so stichhaltige Beweise liefern kann, wie es die Wissenschaften der Zukunft im Stande sein werden. Dadurch wird sich das Bild und das Renommee der Bewusstseins-, Grenz- und Geisteswissenschaften erheblich verändern. Möglicherweise werden dann die sogenannten „Scharlatane" wohl in ganz anderen Disziplinen als den bisherigen entlarvt. Die bisherigen Outsider werden vermutlich schon bald zu den absoluten Insidern gehören und das, was sie sagen, wird endlich die entsprechende Wertschätzung erfahren. Man kann sich vorstellen, wie groß dann die Wut der Getäuschten sein wird, und ich hoffe bloß, dass sie sich nicht in Aggression äußern wird. Aber stell Dir bloß mal vor, dass plötzlich bekannt werden würde, dass Krebs heilbar ist und HIV sowie viele andere Krankheiten absichtlich veranlasst wurden, um davon zu profitieren oder die Menschheit zu dezimieren?! Ich glaube nicht, dass die Betroffenen oder Hinterbliebenen dann sehr sanft darauf reagieren, oder was meinst Du?

Oder wenn bekannt würde, dass es längst möglich ist,

umweltunschädliche und kostenlose (freie Energie) Energiequellen wie Nullpunkt- oder Tachyonen-Energie zu nutzen? Oder aber dass viele der dokumentierten UFO-Sichtungen doch keine Spinnerei gewesen sind? Dass man Organe, anstatt sie zu transplantieren, über die Körpermatrix einfach regenerieren könnte? Oder dass Kontakte mit dem Jenseits, Zeitreisen und Teleportation weit realistischer sind als bloße Fiktionen der Sorte Star Wars & Co.? Ich will nun nicht zu weit gehen, aber würde ich es tun, so würde man auch mich nicht ernst nehmen und mich ins Lager der Verrückten verfrachten. Aber schon bald wird klar sein, dass ich enorm untertrieben habe. Das, was in den nächsten Jahren auf uns zukommen wird, wird sämtliches Vorstellungsvermögen bei Weitem übertreffen, und viele werden sich an meine Worte hier erinnern und sagen: „Hm ... den Würtenberger haben wir wohl völlig falsch eingeschätzt."

Aber gut, mein Schwerpunkt liegt ja nicht in solchen Dingen, sondern im Leben der Menschen. Die Menschen sind es, welche mir am Herzen liegen, und meine zentralen Forschungen befassen sich eher damit, wie und warum die Menschen fühlen, wie sie fühlen, wie und warum sie so handeln, denken, reagieren, agieren und interpretieren, wie sie es eben tun, und vor allem: wie sich Realität erschafft und wie sie sich ändern lässt. Dazu ist es unumgänglich, gewisse Dinge zu beleuchten, welche sich eher in psychischen Bereichen abspielen und sich mit Themen wie Eins-Sein, Liebe, Angst, Gesundheit, Erfolg, Begrenzung, Bewusstsein und Überzeugung auseinandersetzen. Denn genauso, wie kein Licht leuchtet, wenn keine Energie zur Lampe geführt wird, so entsteht keine Realität ohne gezieltes, bewusstes oder auch unbewusstes Erschaffen jener Persönlichkeit, welche diese erfährt.

Es ist einfach spannend zu analysieren, wie Menschen funktionieren, und ich gehe davon aus, dass es Dich gerade deshalb ebenfalls interessiert, weil auch Du solche Dinge in Deinem Leben erfährst oder Dir über ähnliche Themen Gedanken machst. Sonst würdest Du ja kaum jetzt dieses Buch in Händen halten. Je tiefer Du in meine Ausführungen eintauchst, umso deutlicher wird für Dich, dass es Dein Leben total verändern könnte, diese Dinge auch umzusetzen. Ich kann es Dir nur raten, vor allem dann, wenn Du den Mysterien des Lebens und Deinem ganz persönlichen Glücklichsein sowie Deinem Erfolgreichsein tatsächlich näher kommen willst.

Meine Bücher setzen sich in der Regel so zusammen, dass ich Texte, welche ich für Zeitungen, Zeitschriften und zu Ausbildungszwecken für Bewusstseins-Trainer formuliert habe, aneinanderreihe. Du kannst sie beim Lesen einfach als eigene Kapitel betrachten und ich würde mir wünschen, dass Du sie tief verinnerlichst und in Deinem Alltag umzusetzen versuchst. Denn nur dann wirst Du dem, was ich sage, nahe genug kommen können, um es auch zu verstehen. Bücher sind nur dann wertvoll, wenn sie ins richtige Leben umgesetzt werden. Ansonsten füllen sie Dich bloß mit Wissen und die beinhaltete Weisheit bleibt verborgen. Lass also die Weisheit sich entfalten, indem Du das lebst, was Du weißt. Denn Wissen ist nur dann mächtig, wenn man auch macht, was man weiß. Das ist so wie in einem ganz normalen Geschäft. Es braucht viel Umsatz, um Gewinn zu generieren. So sollte man auch die Theorie umsetzen, um davon profitieren zu können. Im Laufe der Lektüre wird sich also herausstellen, ob Du ein guter Geschäftsmann oder eine gute Geschäftsfrau bist. Wenn ja, dann wirst Du davon mehr profitieren können als mit jedem anderen Geschäft. Nicht nur an Wohlbefinden, sondern auch wirtschaftlich. Denn so, wie wir mit dem Leben und mit uns selbst haushalten, erwirtschaften wir uns auch unser materielles Glücklichsein. Ich wünsche Dir also in jeder Hinsicht viel Umsetzungskraft, Begeisterung und Erfolg bei Deinen ganz persönlichen Bewusstseinsforschungen. Glaube bitte nichts von dem, was ich sage, einfach so, überprüfe es! Probiere es aus und entscheide Dich erst danach, ob Du es beibehalten möchtest oder nicht.

Was ich Dir hier präsentiere ist nicht Wissen, sondern Ergebnisse meiner Bewusstseinsforschung der letzten 35 Jahre. Ich habe mit Tausenden Menschen gearbeitet und geforscht, bin in der halben Welt herumgereist und habe vom Professor bis zum Heiligen Lama viele Begegnungen gehabt und vieles studiert. Daher ist alles das, was ich hier sage, keine bloße Theorie, sondern praxiserprobtes Material, welches leicht und von jedermann im Alltag umgesetzt werden kann.

Nach dieser Lektüre wirst Du nicht nur Dich, sondern alle Menschen um einiges besser verstehen als bisher. Dies erweitert nicht nur Deine Wertschätzung allen gegenüber, sondern verkleinert Deine Stressfaktoren im Leben beinahe gegen null.

Zum erleichterten Arbeiten mit meinen Hinweisen empfehle ich Dir, immer am Ende eines Textes darüber nachzudenken, was dies für Dein Leben bedeutet, und dann die notwendigen Schritte und Veränderungen vornehmen und auch tun. Dann beginnt die eigentliche Bewusstseinsforschung, welche, wie ich schon sagte, nicht hinter den Mauern einer Bibliothek oder unter dem Deckel eines Buches, sondern immer nur „im richtigen Leben" stattfindet.

Eins-Sein ist möglich!

Du hast bestimmt schon viel über Eins-Sein gehört und gelesen. Ja, ein wahrhaft lohnenswertes Ziel ist das, aber wie kann man es erreichen?

Lass es mich mal von der anderen Seite aus betrachten: Was hindert uns denn daran, Eins-Sein zu erfahren?

Angst. Angst ist eine sehr egoistische Angelegenheit. Angst befasst sich immer bloß mit sich selbst. Ängstliche Menschen sind, obwohl sie sich natürlich als Opfer fühlen, sehr auf sich selbst fixiert. Es geht ja immer darum, was einem selbst passieren könnte. Ja, selbst wenn man sich um jemand anderen sorgt, so geht es schlussendlich doch darum, wie man sich selbst fühlen würde, wenn diesem oder jenem dies oder jenes geschehen würde. Summa summarum also auch wieder das eigene Ich im Zentrum des Geschehens, das liebe Ego.

Wenn wir jedoch unsere Ängste durchdringen, tiefer gehen, durch sie hindurchgehen, sowohl bei uns selbst wie auch bei den andern, dann eröffnet sich eine Ebene von Gleichheit. Hinter allen Ängsten sind wir alle gleich. Gleich und doch individuell. Wir unterscheiden uns nicht bloß durch unsere unterschiedlichen Ängste, sondern viel mehr durch unser individuelles Sein.

Trennung und Zweiheit, im Gegensatz zur Einheit oder dem Eins-Sein, wird durch die Betonung von Unterschiedlichkeiten erzeugt und aufrechterhalten.

Das Ego (der Verstand) will ebenso einzigartig sein wie Deine Individualität, daher versucht es, diese zu kopieren. Aber im Gegensatz zu Deiner Individualität, welche weiß, dass sie einzigartig ist, weiß das Ego ganz genau, dass es gleich ist wie alle anderen Egos auch. Und dies gefällt ihm gar nicht. Denn es erzeugt kein Eins-Sein, sondern ein Nicht-Speziell-Sein. Dieses Gefühl wiederum macht das Ego unzufrieden und es versucht dies durch Fokussierung auf Unterschiede wieder wettzumachen. Mit Adleraugen späht es nach Unterschieden. Aha: Mann, Frau. Dick, dünn. Reich, arm. Hübsch, hässlich. Groß, klein. Schwarz, weiß. Katholisch, Reformiert. Links, rechts. Studiert, nicht studiert usw.

Es generiert sich das Gefühl, besser als andere und somit einzigartig zu sein, dadurch, dass es andere herabsetzt. Einige machen das natürlich auch umgekehrt und setzen sich selbst immer herab. Damit versuchen sie zu verschleiern, dass auch sie etwas Besonderes sein wollen, obwohl es genau dasselbe ist. Nur, anstatt dass die anderen sagen: „Die oder der ist aber eingebildet", sagen sie dann: „Oh je, was für ein Armer oder eine Arme das ist." Aber in jedem Falle garantiert es besondere Aufmerksamkeit. Aber besondere Aufmerksamkeit ist eben nicht gleichbedeutend mit Einzigartig-Sein und das vermeintliche Eins-Sein entpuppt sich alsbald als Alleinsein!

Einmal mehr zeigen meine Ausführungen, dass es nicht unwesentlich ist, den Unterschied zwischen dem, was man hat oder nicht hat, und dem, was man tatsächlich ist, zu kennen.

Durchdringen wir jedoch die Ängste in uns und anderen, dann kommt zum Vorschein, dass wir alle viel ähnlicher sind, als wir es je vermutet hätten. Dahinter sind alle Menschen erfüllt von einem tiefen, friedlichen Sein jenseits jeglicher Ängste, Unsicherheiten und Minderwertigkeitsgefühle.

Eins-Sein ist übrigens kein esoterisches, vom Verstand hergestelltes Gefühl von: „Jaaaa ... wir fühlen uns alle sooooo Eins miteinander, sooo friedlich und sooo voller Liebe füreinander ...!“ Nein, Eins-Sein ist ein unspektakuläres Gefühl von: „Wir sind gleich.“ Das Einzige, was uns unterscheidet, sind Oberflächlichkeit und eben, wie schon gesagt, unsere Ängste. Es ist aber auch das, was uns verbindet, zumindest an der Oberfläche. Freunde sind in Wahrheit nichts anderes als Menschen, welche ähnliche Ängste oder Wünsche hegen. Daher ist „wahre Freunde“ zu finden keine leichte Angelegenheit.

Eng verknüpft mit Ängsten sind auch Wünsche. Auch unsere Wünsche unterscheiden uns. Zumindest an der Oberfläche. Wünsche entstehen immer aus Mangel, daher sind Wünsche eigentlich Ängste.

Um Eins-Sein zu können, gilt es zuerst, sein eigenes Sein aufzuspüren. Nur wer seine eigenen Ängste überwunden und sein eigenes Sein gefunden hat, findet das Sein der anderen. Dann erst ist es möglich, wahre Freunde zu finden. Freunde, welche Dich niemals enttäuschen. Also, nur wer Eins ist, hat wahre Freunde. Es ist nicht so, wie viele glauben, dass man dann alle Menschen zu seinen „Freunden" zählt, aber zumindest gibt es keine Feinde mehr. Aber Du hast immer die freie Wahl, Dich mit bestimmten Menschen näher einzulassen oder nicht. Du liebst zwar auch die anderen, weil sie so gleich wie Du sind, aber Du brauchst Dich nicht gezwungenermaßen mit allen zu verbrüdern. Es geht also um die Basis. Das Basisverhältnis zu Fremden ist ein ganz anderes. Sie sind nicht mehr grundsätzlich „Feinde", sondern „Freunde". Dadurch bewegt man sich in einer Welt von Freunden und nicht von Gefahren und dies wiederum wirkt sich durchaus äußerst bedeutungsvoll auf unser gesamtes Lebensgefühl aus.

Besinnung auf das Wesentliche

Wenn Du eine einfache Technik suchst, mit welcher es leicht möglich ist, zum Wesentlichen vorzudringen, dann übe Folgendes:

Besinnung auf das Wesentliche ist die eigentliche Lösung auf dem Weg zum Eins-Sein. Frage Dich: „Was an Dir ist wesentlich? Was an Dir ist wirklich wesentlich? Was davon ist nun wirklich das Wesentlichste an Dir?" Stelle Dir diese Fragen in steigernder Intensität so lange, bis Du zum Wesentlichsten vorgedrungen bist. Du erkennst es leicht an den starken Gefühlen, welche in Dir auftauchen werden, dann, wenn Du das Wesentliche entdeckst.

Dann schaue Dir ganz genau die anderen Menschen in gleicher Weise so lange an, bis Du auch ihr Wesentliches gefunden hast. Dann wirst Du wissen, dass zwischen uns keinerlei Unterschiede bestehen. Du und ich, die anderen und Du, wir alle sind so gleich, dass alle bestehenden Individualitäten dem Gefühl des Eins-Seins keinerlei Abbruch mehr tun. Stell Dir bitte vor, dass Du zwei Sonnenstrahlen vor Dir hast. Beide derselben Sonne entsprungen ... Jeder Strahl für sich ist individuell, ja, aber nun sag mir, wo die

Unterschiede sind? Ja, der eine Strahl ist der eine Strahl und der andere ist der andere. Aber wo sind die Unterschiede? Sind da überhaupt welche? Ok. Möglicherweise schon, aber ich denke, dass diese durchaus vernachlässigbar sind, oder?

Auch die Unterschiedlichkeiten der Individualität sind vernachlässigbar. Einziger Unterschied ist: Ich bin ich. Und ja, Du bist ja auch „Ich". Also eigentlich bist Du ja Du, aber Du selbst wirst wohl auch denken, dass Du Ich bist, oder? Ich denke: Ich bin ich, und Du denkst: Ich bin ich. Folglich sind wir beide „Ich". Das ist radikale Logik in Aktion, welche in folgender Erkenntnis mündet: „Ich bin."

Von diesem Ich-Bin-Bewusstseinszustand aus ist Eins-Sein die logische Folgerung. Eins-Sein ist also nicht bloß durch Meditation, sondern auch durch Logik erreichbar. Ja, auch Spiritualität ist logisch. Wir Spiritualisten und Bewusstseinsforscher sind nicht unlogisch oder gar dumm oder so, sondern dermaßen logisch, dass der Verstand alleine oft einfach nicht mehr mitkommt. Die wahre Logik umfasst nämlich viel mehr, als bloß den Verstand! Wir bestehen ja auch nicht nur aus einem Verstand, sondern auch aus Gefühl. Da Gefühle jedoch viel schwieriger zu durchschauen sind als eine banale Verstandes-Rechenmaschine, gehört auch eine erweiterte Wahrnehmung und Vorstellungsfähigkeit zum erfolgreichen Bewusstseinsforscher. Auch Herz und Verstand müssen Eins werden, um optimale Ergebnisse erzielen zu können. Eins-Sein ist die Lösung in vielerlei Hinsicht, vor allem dann, wenn es um die Erforschung komplexer Zusammenhänge menschlichen Bewusstseins geht.

Das, was wir als „Welt" wahrnehmen, ist die Projektion elektrischer Impulse, einer Holographie gleich, welche auf den Bildschirm des „Nichts" projiziert wird. Wir sehen und erleben diese Projektionen scheinbar im Außen, aber in Wirklichkeit spielt sie sich im Innern ab! Wie wir etwas erleben, entscheidet unsere Bewusstseinsstruktur. Diese setzt sich zum Wesentlichen im Gehirn durch Vorprägungen, welche durch unsere Einstellung zustande gekommen sind, zusammen. Die Gene sind entgegen wissenschaftlicher Ansicht nicht maßgebend dafür, wie wir sind, sondern was wir von ihnen abrufen ist ausschlaggebend. Alle haben alles zur Verfügung, doch was wir davon abrufen, entscheiden wir mit dem, was wir glauben und wie wir denken . Also, nicht die Gene bestimmen uns, sondern wir sie. Die gesamte innere, menschliche Struktur, die Matrix dessen, was und wie wir sind respektive sein wollen, liegt in unserer Macht.

Dass es bei den meisten Menschen nicht klappt, eine neue Struktur aufzubauen, liegt daran, dass sie über zu wenig Ausdauer verfügen. Die Synapsen im Gehirn müssen nämlich neu verknüpft werden, bevor die neue Realität sich auf der Weltenbühne manifestiert. Das braucht etwas Zeit. Da gibt es auch sogenannte Neuronen im Gehirn, das sind Nervenzellen, welche darauf spezialisiert sind, Signale weiterzuleiten und zu verarbeiten. Sie besitzen spitz zulaufende, längliche Zellfortsätze (Axone). Fortsätze, welche die Informationen von Nervenzellen empfangen (Dendriten), und andere Fortsätze, die Informationen an Nervenzellen weiterleiten (Neuriten). Synapsen sind die Verschaltungsstellen zwischen den Nervenzellen. Hier werden die Erregungsimpulse übertragen. Eine Synapse besteht aus einem verdickten Ende der Nervenzelle, dem Endknöpfchen, einem sehr schmalen Spalt, dem sogenannten synaptischen Spalt, und dem gegenüber liegenden Membranbereich der folgenden Nervenzelle. Das klingt nun alles ein wenig wissenschaftlich, aber genau genommen bedeutet es, dass es auch – und das wurde von der Wissenschaft lange und strikt verleugnet – auch sogenannte Großmutter-Neuronen gibt. Diese sind für unsere Wahrnehmung sehr wichtig und deren Umprogrammierung dauert etwas länger. Großmutterneuronen werden so genannt, weil es für jede Person, die wir kennen, und dafür, wie wir sie erfahren, ein bestimmtes Neuron im Gehirn gibt, welche die Merkmale und Wahrnehmung über diese eine Person (eben zum Beispiel die Großmutter) gespeichert haben und aufrechterhalten. Dies gilt auch für Situationen und andere Erfahrungen. Nun kann es aber sein, dass wir für etwas noch kein Neuron für zuständig erklärt haben, dann versucht unser Gehirn (Verstand), sie an ein bereits vorhandenes Neuron anzupassen. Es findet also in jedem Augenblick eine Sortierung nach gewissen Betrachtungsindikatoren statt. Das Gehirn ist unter Zwang, alles, was es an Impulsen bekommt, zu kategorisieren. Warum? Weil es nur sehr schwer damit umgehen kann, etwas nicht einordnen zu können, denn dann müsste es seinen Mangel an Verständnis eingestehen und sagen: „Ich weiß es nicht."

Es kann also durchaus sein, dass Du Deine Großmutter oder wen auch immer gar nicht kennst, sondern Du sie Dir einfach so zurechtgelegt hast, wie sie in Dein bereits vorhandenes Schema reingepasst hat und noch passt. Die Kategorisierung läuft vermutlich über ein ausgeklügeltes Bewertungs- und Interpretations-System. Daher auch die von mir entwickelten Übungen in der Ausbildung zum Free Spirit Bewusstseinsforscher zum Thema „interpretiertes Fühlen und Denken" sowie der Durchleuchtung eigener bereits vorhandener Überzeugungen. Denn diese sind ausschlaggebend mitverantwortlich dafür, dass wir die Welt immer mehr oder weniger gleich erleben.

Was aber könnte geschehen, wenn wir unsere Strukturen, unsere Bewusstseinsmatrix verändern? Logischerweise würden sich die Erfahrungen dementsprechend ebenfalls verändern ... müssen. Ich sage ja nicht, dass Deine bisherige Erfahrungsmöglichkeit nicht gut ist, aber es wäre doch hochinteressant zu erforschen, ob es da nicht doch noch Möglichkeiten gäbe, um andere Aspekte von Realität zu erfahren, oder? Es geht ja nicht um richtig oder falsch, sondern bloß um das Erforschen und Ausprobieren neuer Möglichkeiten und um die Erweiterung des göttlichen Spieles, welches wir Leben oder Realität nennen.

Auch die Erforschung und Untersuchungen in Bezug darauf, wer oder was wir wirklich sind, reizt doch ungeheuer, oder etwa nicht? Was ist das Leben? Was ist Realität und wie kommt sie zustande? Kann ich sie verändern oder ist alles vorgegeben? Bin ich ein Mensch oder ein Spirit, welcher so etwas wie Mensch-Sein projiziert? Woher komme ich? Wohin gehe ich? Was ist der Grund meines Da-Seins und meines So-Seins? Und überhaupt; Sein oder nicht Sein ... das ist wirklich eine gute Frage!

Es wird also deutlich, dass Mensch-Sein nicht bloß ein Zustand ist, sondern eher eine Aufgabe. Möglicherweise dient eine solche Projektion dazu, Menschlichkeit zu entwickeln?! Menschlichkeit entsteht aufgrund von Mitgefühl und Mitgefühl ist die logische Folgerung des Gefühls von Eins-Sein. Ein Mensch, der eins mit sich ist, ist auch eins mit anderen, und wer eins mit anderen ist, der hat Mitgefühl für sie und wird es tunlichst vermeiden, anderen Wesen Leid zuzufügen. Wären alle Menschen eins, so wäre die logische Folgerung ein friedliebender Planet Erde. Eine Welt, in der alle Wesen in Frieden und gegenseitiger Wertschätzung miteinander existieren und leben würden. Dies ist das Ziel meines Wirkens und deswegen bin ich so interessiert daran, dass sich jeder Mensch selbst findet. Denn wer sich selbst gefunden hat, der hat auch mich und Dich gefunden. Und alles, was er fortan tun oder auch lassen wird, ist darauf abgestimmt, kein Leid zu erzeugen. Nicht weil Leid schlecht wäre, sondern weil er nicht so töricht ist, sich selbst Leid zuzufügen!

Somit sollte klargeworden sein, dass der einzige Weg, jegliches Leid aus Deinem Leben zu verbannen, folgender ist: Dein individuelles Eins-Sein zu verwirklichen.

Nichts ist demnach egoistischer und altruistischer zugleich als Eins-zu-Sein. Einmal mehr verschwimmt die Grenze zwischen Egoismus und Altruismus. Egoismus verfügt über eine gewaltige Schwerkraft, welche seinen Besitzer immer tiefer in die Materie hineinzwingt. Egoismus kann nicht abgetötet werden, aber verwandeln lässt er sich! Durch Eins-Sein verwandelt sich Egoismus zu Altruismus und verleiht Flügel! Flügel, auf denen Deine Seele sich an Orte schwingen kann, von denen die meisten Menschen nicht einmal zu träumen wagen. Tja, es gäbe noch so viel Freudvolles zu entdecken, so viele spannende Realitäten zu erfahren und so viele Bewusstseinszustände zu erforschen ... Machen wir uns doch auf und packen es auf kompetente Weise an! Du beginnst mit Wissen und endest in Weisheit dann, wenn Deine Forschungen vom Herzen getragen sind. Wissen ohne Herz führt jedoch bloß zu Gescheitheit. Du kannst immer noch gescheiter werden so lange, bis Du gescheitert bist. Oder Du kannst Dein Wissen, verbunden mit dem Herzen, so weit steigern, bis Weisheit Dein ganzes Sein durchflutet.

Nun drängt sich für den einen oder anderen die Frage nach dem Sinn des Lebens auf. Direkt möchte ich diese Frage jedoch nicht beantworten, da es mir wichtig ist, dass sich diese Frage ein jeder selbst beantwortet. Ein Schlüssel meines Wirkens ist sowieso, dass sich bei mir jeder seine Fragen selbst beantwortet. Ich bin kein Lehrer, welcher für alles eine Antwort bereit hält. Im Gegenteil, die Stärke, auf welche ich innerhalb der Ausbildung meiner Studenten und Trainer baue, ist, dass ich sie mit guten Fragen begleiten kann. Warum ich das tue? Weil eine Antwort immer so etwas wie eine Sackgasse ist. Der Student hört schnell selbst zu denken auf, wenn es da immer eine erreichbare Instanz gibt, welche immer die „richtige" Antwort parat hat und diese auch liefert. „Antworter" sind Entwicklungstöter, zumindest im Bereich engagierter Bewusstseinsforschung.

Eine deutsche Zeitung hat mich mal gebeten einen Text zu schreiben, welcher folgende Frage zum Thema haben sollte: „Was man im Leben erreichen sollte." Nun könnte ich mir gut vorstellen, dass Dich meine Antwort interessiert, ja? Fein, dann will ich sie Dir nicht vorenthalten.

Was man im Leben erreichen sollte

Vielerorts geistert immer noch die Idee herum, dass man in seinem Leben, zumindest bevor man das Zeitliche segnet, etwas Bestimmtes erreicht haben sollte. Ich bin da anderer Meinung. Ich glaube nämlich nicht, dass man etwas erreichen sollte, sondern, dass man am Ende des Lebens etwas sein sollte. Dies ist ein feiner, jedoch gravierender Unterschied. Und was Anderes könntest Du sein als Du selbst? Insofern, ja, glaube auch ich daran, dass es etwas zu erreichen gilt. Sich selbst zu sein. Wenn überhaupt, dann wäre also das zumindest ein Ziel, welches man ansteuern könnte. Dass dies jedoch ein ganzes Leben in Anspruch nehmen kann, das hätte wohl keiner gedacht. Denn wir werden ja als „Ich-Selbst" geboren! Dummerweise jedoch wird uns allen beigebracht, dass es ganz und gar nicht in Ordnung ist, so zu sein, wie man ist.

Der noch reine Kindergeist eines Menschen wird, so nach und nach, systematisch von uns Erwachsenen verunreinigt, entwürdigt und zerstört. Bisher war noch alles in Ordnung. Aber sobald ein Kind ein gewisses Verständnis für die Methoden der Erwachsenen entwickelt, beginnen sie, sich in ihnen zu verwickeln. Recht schnell versteht ein

Kind, was es tun und wie es sein muss, um zu bekommen, was es haben will. Und hier beginnt der harte, lange Weg der Indoktrination, des „Indoktriniertwerdens" und des Indoktrinierens. Leider führen die indoktrinierten Kinder auch an ihren Kindern und anderen jüngeren oder auch gleichaltrigen Freunden dieses verhängnisvolle Spiel weiter. Gesetze, gesellschaftliche Strukturen, Traditionen und auch religiöse Lebens-Schein-Weisheiten werden gnadenlos weiter indoktriniert, so dass möglichst alle Menschen sich dem einen oder anderen System unterordnen. Wer sich nicht unterordnen lässt, gilt als schwierig, schwer erziehbar oder gar geisteskrank. Auf jeden Fall als ein Problem.

Ein Mensch, der also nicht bereit ist, in ein vorgegebenes Gefängnis zu gehen, gilt als problematisch. Ich denke eher, dass es mehr als bloß problematisch ist, dass alle Menschen so gerne und freiwillig ins Gefängnis ziehen und zum Höhepunkt sozusagen selbst die eigenen Kinder in ein solches einsperren oder durch Schulen und Universitäten einsperren lassen. Ich betrachte dies als eines der größten Verbrechen der Elternschaft an ihren Kindern. Nur um es selbst leichter zu haben, tolerieren sie, dass man die Zukunft der Kinder dermaßen beschneidet, dass später aus ihnen kaum mehr als Arbeiter – manche mit und die meisten ohne Titel – werden. So dass auch ihre Ziele dieselben sind wie die eigenen oder jene ihrer Vorfahren. Ja, bloß nicht aus der Reihe tanzen! Mach es Dir bloß nicht schwieriger als nötig!

Aber Du musst „schwierig" und „unbequem" sein, um aus dem Gefängnis geistiger Kastration entweichen zu können! Dass die meisten Menschen jedoch eher versuchen in

Gefängnisse einzubrechen, als aus ihnen hinauszukommen, das verwundert mich enorm. Wer hätte gedacht, dass es jemals so weit kommen könnte?!

Nun, sollte man im Leben nun also doch etwas „erreichen"? Wenn ja, was denn? Reich werden? Mächtig sein? Ein „guter" Mensch werden? Erleuchtet sein? Ja, man kann das machen. Aber ist es auch wirklich das, was wir in Wirklichkeit erreichen wollen? Nein! Irgendwann wird jedem Menschen klar, dass es nichts Erstrebenswerteres gibt als das zu werden, was man ist. Sich selbst! Denn das ist das Einzige, was wir erreichen können, da wir es bereits gewesen sind. Aber wir haben uns auf unserer Reise durch die Welten verloren. Doch eines Tages, da wollen wir es wieder zurückhaben. Eines Tages wollen wir unsere eigene Identität und unser eigenes Wesen wiederfinden und verwirklichen. Eines Tages werden wir uns alle bemühen, jegliche fremdindoktrinierten Identitäten wieder abzulegen und gegen das einzutauschen, was wir selbst sind. Die erstaunliche Erkenntnis, welche uns dann überfluten wird wie ein globaler Tsunami – nämlich dass das, was wir suchten, schon immer ganz nah gewesen ist –, wird Dich dereinst zu großen Erschütterungen, tiefer Traurigkeit und höchster Freude führen.

Je früher im Leben dieser Prozess stattfindet, umso leichter geht er vonstatten und umso mehr Zeit bleibt, um tatsächlich noch ein paar Jahre wirklich zu leben. Leben in Freiheit, jenseits der Kerkermauern und dem Kampf des Überlebens. Dies alleine bedeutet wahrhaftig zu leben und wirklich lebendig zu sein. Insofern würde ich wagen zu behaupten, dass das einzig erstrebenswerte Ziel im Leben – und zwar nicht erst am Lebensende – ist, das zu werden, was man ist. Alles andere, was man erreichen könnte, ist es meines Erachtens nach nicht wert, danach zu streben. Denn alles andere ist vergänglich und alles, was vergänglich ist, wird auch vergehen. Suche lieber das Ewige. Erstrebe nicht die Kopie eines anderen zu werden. Kopien gelten in dieser Welt nicht viel und sollte es ein Leben nach dem Tod geben – wovon ich persönlich überzeugt bin –, dann wirst Du als Kopie nichts vorzuweisen haben. Du hast ein ganzes Leben damit verbracht, etwas zu werden oder zu sein, was Du nicht bist und somit auch nie sein kannst. Du bist weder Dein Vermögen noch Dein Doktortitel. Damit wirst Du in Zukunft keinen einzigen Menschen mehr beeindrucken können und stehst mit leeren Händen da. Du hast nichts erreicht, was Du zu geben hättest, da Dein gesamtes Streben nur dem Selbstzweck gedient hat. Du hast weder wahre Liebe noch die wahre Schönheit des Lebens je kennen gelernt. Du bist leer und erschöpft oder von falschen Errungenschaften vollgestopft und schwer geworden. Jegliche Leichtigkeit des Seins hat sich von Dir verabschiedet respektive Du Dich von ihr. Was ist aus Dir geworden? Ich sage es Dir: Am Ende wirst Du kaum mehr als ein kleines Häufchen Elend sein. Ein Haufen alter, vergammelter Kopien. Ein Sammelsurium falscher Identitäten angefüllt mit wertlosem Wissen um Dinge, welche Du niemals mehr brauchen wirst. Klingt dies für Dich tatsächlich als erstrebenswert? Denkst Du wirklich immer noch, dass so vergängliche Dinge wie Geld, Ruhm, Macht und Besitz tatsächlich in der Lage dazu sind, Dich glücklich zu machen? Wo genau bist Du in Deiner Entwicklung stehen geblieben?! Ja, genau dort, genau dort, wo Du angefangen hast, Dich selbst zu verleugnen und Dich anzupassen. Also etwa mit 4 bis 7 Jahren.

Ich weiß, das klingt hart. Aber was soll ich sagen? Wir haben uns in unserem Vertrauen zu Eltern, Lehrern und anderen Obrigkeiten eben alle dazu hinreißen lassen, unser Sein den vielfältigen Verlockungen persönlicher Vorteile zu opfern. Na ja, es begann ja auch ganz unscheinbar. Zuerst waren es Streicheleinheiten, dann Spielgefährten, dann ein Lutscher, dann Lob für gute Noten und allenfalls ein Besuch im Vergnügungspark, dann Arbeit und Lohn, dann Geld, Ansehen und Macht. Und ehe wir uns versehen, ist das Leben vorbei, ohne dass wir jemals gelebt haben. Hm ... irgendwie eine traurige Geschichte.

Also was nun, sollte man?

Sollte man nun etwas erreichen im Leben oder nicht? Tja, das kommt eben ganz darauf an, ob man sein Wesen über die Jugend hindurch bewahren konnte oder nicht. Wenn alles rund gelaufen wäre, dann gäbe es in der Tat nichts zu erreichen, sondern nur zu sein. So denke ich, dass es gedacht ist. Und für den Fall, dass es schiefläuft, haben wir die Option, wieder das zu erreichen, was wir schon gewesen sind. Ergo: Ja, für die meisten Menschen gibt es etwas zu erreichen, nämlich: wieder wesentlich zu werden. Dem Wesen, welches Du bist, wieder den Raum zu gewähren, sich ausbreiten zu können. Das heißt nun aber nicht, dass Du das tun musst. Du kannst es tun, wenn Du es möchtest. Du darfst und kannst alles tun, was Du möchtest. Ich gebe einfach zu bedenken, dass Du Dir gut überlegen solltest, wie Du Deine Zukunft erleben möchtest. Denn das Morgen erschafft sich heute und falls Du schon weißt, dass Du als Endziel nicht unbedingt unglücklich sein möchtest, dann frage Dich, ob Du nicht doch langsam einen langfristig erfolgreicheren Weg einschlagen solltest?! Es ist freiwillig und da es freiwillig ist, wirst Du am Ende auch niemanden für Dein Lebensresultat verantwortlich machen können. Nicht der ist schuld, welcher andere indoktriniert, sondern derjenige, welcher sich indoktrinieren lässt, trägt die Verantwortung. Denn mit dem irdischen Tode hat auch das „Verantwortung-Abschieben" ein Ende. Glücklich sind also jene, welche die Verantwortung für ihr Leben bereits zu Lebzeiten übernehmen, denn ihnen gehört das Himmelreich.

Wie himmlisch mag es wohl in einer Welt sein, in welcher keiner dem anderen irgendwelche Schuld zuweist?! Und ich weiß, dass der Moment kommen wird, an dem sich die Welten teilen – die Spreu vom Weizen getrennt wird – entweder vor, aber spätestens nach dem Tod. Für beide Seiten, Verantwortungsvolle wie auch Verantwortungslose, wird es separate Welten geben und ein neuer Evolutionszyklus wird beginnen. Für die einen beginnt es dann im Licht und für die anderen in der Finsternis. In welcher Welt möchtest Du wiedergeboren werden? Fein, dann liegt es ab jetzt in Deinen Händen. Ignoriere es, wenn Du willst. Aber sage nicht, Dir hätte es keiner gesagt! Ich sage es Dir und ja, vielleicht bin ich einer unter vielen anderen, welche Dich etwas Anderes glauben machen wollen. Fühle selbst, wer von allen es wirklich gut mit Dir meint und wer nicht. Das ist wichtig, denn Du wirst immer jenen folgen, von denen Du glaubst, dass sie es gut mit Dir meinen. Schau daher bitte ganz genau hin. Prüfe alle, auch mich, und dann wähle. Wähle, was Dein Herz Dir rät, dann wirst Du Dich unterwegs nicht allzu sehr verirren.

Am Scheideweg des nächsten Evolutions-Sprungs

Die Welt steht kurz vor dem nächsten Evolutionssprung. Waren die Schritte der Evolution einst auf zellulärer Ebene, auf persönlichen, lokalen Ebenen oder gar auf nationalen oder globalen, so haben wir bereits den universellen Status erreicht und bewegen uns auf den wohl gewaltigsten Sprung menschlicher Entwicklung hin, zu einem galaktischen Quantensprung. Ja, das nun erwachende Bewusstsein ist das galaktische Bewusstsein. Daher eröffnen sich auch in der Astronomie die galaktischen Weiten des Universums immer mehr.

Es eröffnet jenen, welche diesen Quantensprung auch in ihrem persönlichen Leben vollbringen, eine vollkommen neue Welt. Frei von jeglicher Begrenzung wird sich dann Bewusstsein in alle Richtungen ausbreiten. Technologien, von welchen wir heute nicht einmal zu träumen wagen, werden alltäglich sein. Teleportation, Allgegenwart, Eins-Sein und Gottesbewusstsein werden alltäglich. Hellsehen, Gedankenlesen, Levitation und Materialisation wird bald jeder beherrschen. Gut verständlich, dass sich Menschen, welche nicht integer sind, in so einer Welt wohl kaum wohl fühlen würden, oder? Doch wer nichts zu verbergen hat, so wie Du, der kann sich in der Tat schon heute auf die kommenden Veränderungen freuen.

Willkommen im neuen Zeitalter! In wenigen Jahren wirst Du Deine Welt nicht mehr wiedererkennen, das verspreche ich Dir. Und ich würde mich riesig freuen, Dir dann begegnen zu dürfen und Dir zu Deiner Entscheidung von ganzem Herzen zu gratulieren. Jegliches Leid, Krankheit, Armut und Missgunst werden auf immer verschwunden sein. Deine neue Welt wird eine Welt der vollkommenen Liebe sein und jedes Dunkel schon im Ansatz erleuchten. Und falls Du schon mal vom Erleuchtet-Sein geträumt hast oder Du es Dir auch bloß gewünscht hast oder Du die Einswerdung mit dem Göttlichen zum Ziel hast, freue Dich! Bald wirst Du es erreicht haben, ja, es geschieht bereits! Wenn Du genau, ganz genau hinspürst, dann wirst Du es bemerken. Alles in Deinem Leben wie auch in unserer gemeinsamen Welt ist dabei, sich zu verändern. Überall taucht die Wahrheit wieder an die Oberfläche auf.

Alles Unwahre, Unechte und Verantwortungslose wird sich selbst vorführen und sich somit dem eigenen Untergang anheimstellen. Alles wird sich regeln. Und sofern Du Dich selbst geregelt hast, wirst Du nichts zu befürchten haben. Aber denk dran, Deine Realität wird von Dir erschaffen oder nicht erschaffen. Wenn Du sie nicht nach Deinen persönlichen Wünschen erschaffst, dann wirst Du keine andere Wahl haben, als Dein Leben innerhalb des allgemeinen Massenbewusstseins zu fristen, so wie alle anderen, welche noch unbewusst sind

Spätestens jetzt wäre es höchste Zeit, mit der Zeit zu gehen. Besser jedenfalls, als mit der Zeit zu gehen.

Es beginnt gerade eine neue Zeit. Eine Zeit, in der sich Wissenschaft und Spiritualität näherkommen als je zuvor und sich gravierender verändern werden als innerhalb der letzten Jahrtausende. Es ist ein großes Geschenk, in der heutigen Zeit zu leben und all dies mitzuerleben. Wir werden eines Tages zurückblicken können und sagen: Da habe ich mitgewirkt. Ich war Teil der Menschheit, welche den Sprung einer destruktiven Spezies zur verantwortungsvollen und konstruktiven, menschlichen und friedlichen Weltbevölkerung bewirkt und geschafft hat.

Nun, da ich schon relativ tief in die Materie eingetaucht bin und Du meinen Ausführungen offensichtlich gut folgen kannst, möchte ich den Moment nutzen, gleich noch ein wenig tiefer in gewisse Dinge vorzustoßen. Etwas Wichtiges zum alltäglichen Gebrauch. Wenn Du das Folgende umzusetzen im Stande bist, so wird es Dir mit Sicherheit viel Unangenehmes ersparen, ja, möglicherweise sogar lebensrettend sein. Außerdem vereinfacht es Dir den Umgang mit schwierigen Situationen und aggressiven Menschen, welchen man ja auch ab und an begegnet.

Wie man die Gedanken anderer transformiert

Du hast Dich bestimmt schon mal gefragt, wie es kommt, dass einige Menschen selbst in gefährlichen Situationen immer Glück haben und andere immer Pech, oder? Oder Du suchst nach einer Möglichkeit, in jeder Situation beschützt und unangreifbar zu sein? Wäre das was für Dich? Immer und überall in Sicherheit zu sein? Immer zu denen zu gehören, an denen Angriffe vorbeigehen? Ja? Gut, dann solltest Du den folgenden Erläuterungen Deine größtmögliche Aufmerksamkeit schenken. Denn jetzt erkläre ich Dir, wie man sich unberührbar und bisweilen sogar unsichtbar machen kann. Ja, ich weiß, das klingt jetzt mal wieder ziemlich übertrieben, nicht?! Aber was soll ich sagen, ich habe es erlebt. Es funktioniert. Am ehesten dann, wenn man es nicht darauf abgesehen hat. Denn aus Angst funktionieren solche Methoden natürlich nicht. Es geht nur dann, wenn Dein Beweggrund aus echter Liebe und Wertschätzung besteht. Sich zu schützen, weil man Angst hat, funktioniert nicht. Es kann zwar bewirken, dass Du in gewisse Situationen nicht mehr hineingerätst, aber nicht, Dich in Situationen, in welchen Du Dich bereits befindest, zu beschützen.

Nach meiner Erläuterung wird die Aussage „Liebe Deinen Nächsten" eine ganz neue und Sinn machende Bedeutung bekommen. Du kannst es gerne im Alltag oder auch zu Forschungszwecken mit Freunden ausprobieren. Es ist ganz einfach. Wann immer Du Dich unter Menschen befindest, denke liebevoll und wertschätzend über sie. Ich weiß, das klingt unspektakulär. Aber wie gesagt, es funktioniert! Dein Bewusstsein wirkt sich unmittelbar in der Realität aus.

Wenn Du also jemandem gegenüberstehst, der negativ ist und böse, dann bleibe Du einfach in Liebe für diesen Menschen. Du wirst sehen, dass es Deinem Gegenüber immer schwerer fällt, an seiner Negativität festzuhalten. Seine Wut lässt nach und seine Gedanken verändern sich. Plötzlich findet Dich der andere irgendwie sympathisch oder fühlt Mitleid mit Dir. Beides führt dazu, dass seine Aggressionen nachlassen und die Situation für Dich einfacher zu handhaben sein wird. Der Trick dabei ist, dass Du Dich nicht fürchtest und wirklich die ganze Zeit der Begegnung über in der Liebe bleiben kannst. Denn in Wahrheit sind nur schwache Menschen aggressiv, habe Mitgefühl.

Probiere es einfach mal aus. Bitte einen Freund, sich Dir gegenüber hinzustellen und Negatives über Dich zu denken. Bleibe Du derweil unbeirrt in Deiner Liebe und Wertschätzung zu ihm und schau, wie schnell es geht, bis der andere seine negativen Gedanken einfach nicht mehr festhalten kann. Du wirst staunen!

Was geschieht dabei?

Im Detail sieht es so aus, dass Du mit Deiner liebevollen Haltung ein Feld erschaffst, in welchem nur Gleiches oder Ähnliches bestehen kann. Ist es nun stark genug, so fängt das Gehirn des Anderen Deine Vibrationen auf und beginnt, sich dieser anzupassen. Die stärkere Schwingung transformiert immer die schwächere. Das ist ein ganz normaler, physikalischer Prozess, welcher mit vielen, auch technischen Prüfungsverfahren bewiesen werden kann. Eigentlich ist dieser Vorgang leicht verständlich. Funktioniert er doch wie Werbung, nur auf einer unhör- und unsichtbaren Ebene. Doch nur, weil man etwas nicht sieht oder hört, heißt das noch lange nicht, dass es nicht wirkt. Wenn Du ununterbrochen „Schokolade" hörst, dann wirst Du, früher oder später, auch zur Schokolade greifen. Wenn Du also Deinem Gegenüber schwingungsmäßig die ganze Zeit „ich achte und liebe Dich so, wie Du bist" entgegnest, so wird auch jener anfangen, Dich plötzlich zu mögen. Das heißt nun aber nicht, dass er Dir gleich um den Hals fallen wird und Dich zum Essen einlädt, aber es könnte bewirken, dass er von seinem Vorhaben, Dich zu schlagen, absieht. Und schon dies könnte durchaus lebensrettend sein!

Du hast immer und in jeder Situation die Möglichkeit, in Deiner Liebe zu bleiben. Dies ist eine wunderbare Methode, um zum Beispiel mit schwierigen Kindern umzugehen. Sie werden sich rasch beruhigen und ihr Widerstand wird rasch nachlassen, wenn Deine Antwort – auch nonverbal – Liebe und Wertschätzung ist. Auch in geschäftlicher Hinsicht hat sich dies bewährt. Es ist schwer, jemandem den Job nicht zu geben, der einem eine so tiefe Wertschätzung entgegenbringt. Sollte man dann eine Absage bekommen, so weiß man mit Sicherheit, dass dies wohl nicht der richtige Job gewesen wäre und man kann frohen Mutes – trotz Absage – seinen Weg weitergehen und sich woanders vorstellen. Auch in Beziehungen ist diese Haltung Gold wert. Es ist normal, dass in einer Beziehung immer mal wieder Vorwürfe, Anschuldigungen, Angriffe und Ärger auftauchen. Wenn da wenigstens einer, Du, in dieser liebevollen und wertschätzenden Haltung bleiben könnte, wären ebenfalls viel Leid und vermutlich einige Scheidungen zu vermeiden.

Angst vermeidet den Augenblick, aber nicht die Erfahrung. Wertschätzung, Respekt und Liebe ändern den Augenblick – Angst jedoch kann ihn bloß vermeiden. Die Angst führt dazu, dass wir uns zusammenziehen, auch energetisch, und dies wiederum führt dazu, dass sich der andere geradezu eingeladen fühlt, uns als Opfer zu benutzen. Wenn dies das nächste Mal also geschieht in Deinem Leben, dann wundere und beschwere Dich nicht, denn immerhin ging die Einladung von Dir aus!

Angst vermeidet den Augenblick, aber nicht die Erfahrung. Die unerwünschte Erfahrung wird nur verschoben. Allerdings könnte die Zwischenzeit auch dazu genutzt werden, sich in seiner Liebe zu vertiefen und in der nächsten Situation dem Ganzen besser gewachsen zu sein. Denn die nächste Situation kommt bestimmt.

Manipulation oder nicht?

Nun könnte die Frage aufkommen, ob das nicht manipulativ ist, und wir wissen ja, dass es nicht von edlem Charakter ist, andere zu manipulieren. Und in der Tat, angstbasiertes Verhalten ist manipulativ. Liebebasiertes Verhalten jedoch ist transformativ. Der Unterschied liegt darin, dass Angst aktiv versucht, den anderen zu manipulieren, damit er mich in Ruhe lässt oder tut, was ich will. Liebe ist einfach und verbreitet sich schnell. Liebe erzeugt ein Feld und wer sich auf dieses Feld nicht einlassen will, der verdrückt sich von alleine. Misstrauen und Vertrauen wirken sich also höchst unterschiedlich aus. Misstrauen und Angst will um jeden Preis vermeiden, wohingegen Liebe etwas erlaubt.

Daher sagte ich auch, dass die Haltung echt sein muss. Ansonsten ist sie nur eine Form der Angst. „Ich liebe Dich, damit Du mir nichts tust." Wahre Liebe liebt aber auch dann, wenn der andere sich nicht so verhält, wie wir uns das wünschen! Und auch hier wirst Du feststellen, dass Deine Haltung auch eine äußerst schmerzlindernde Funktion besitzt. Angriffe dringen nicht so tief in uns ein, dass sich daraus ein Trauma ergeben könnte. Gut, körperlich vielleicht schon, wenn Gewalt im Spiel ist, aber keine psychische. Wenn Du willst, dass Deine Seele intakt und unberührt bleibt, dann ist diese innere Haltung die einzige Möglichkeit, um zu bestehen. Ja, linke Wange, rechte Wange. In dieser Haltung musst Du im schlimmsten Fall also mit maximal zwei „Schlägen" rechnen. Fällst Du jedoch ins Opfer und gerätst in Angst und Panik, dann wird sich dieser Vorgang – linke Wange, rechte Wange – unzählige Male wiederholen. Was scheint Dir hier die bessere Variante zu sein?

Da schwache Menschen eher zu aggressivem Verhalten tendieren, fühlen sie sich umso stärker, je schwächer und ängstlicher ihr Gegenüber ist. Und da sie sich innerlich eben schwach fühlen, lieben sie nicht so sehr, wie sie sich stark fühlen. In Deiner Liebe jedoch können sich schwache Menschen durchaus auch stark fühlen, das transformiert ihre eigene Angst und führt zur Entfaltung eines liebevolleren Wesens in ihnen. Jeder hat eine lichtvolle Seele, jeder Mensch birgt in seinem Innersten das Licht der Liebe. Die Kunst ist bloß, es zu erwecken. Du erweckst Licht oder eben Liebe am besten immer mit Liebe und Licht. Wertschätzung erzeugt Wertschätzung. Angst erzeugt Gewalt.

Angst ist Gewalt

Wir sehen also: Angst erzeugt Gewalt. Sie ist nicht die Gewalt per se, aber sie vermag wie nichts anderes Gewalt hervorzurufen. Dessen solltest Du Dir sehr bewusst sein. Der Ängstliche ist nicht das Opfer, sondern der, welcher der Gewalt den Weg ebnet und die Einladungen zur Gewalt ausspricht. Unhörbar, unsichtbar, aber doch unglaublich wirksam und folgenschwer.

Mut ist Friedfertigkeit

Mut, auch der Mut, schwach zu sein, erzeugt Friede. Warum? Weil nur der Liebende wahrhaft mutig ist. Er ist sogar mutig genug, sich angreifen zu lassen, ohne zurückzuschlagen. Jedoch ist dies kein „Ertragen", sondern ein „Tragen". Ja, Liebe trägt die Schwäche des andern. Liebe erduldet nicht, sondern duldet. Das ist ein gravierender Unterschied, auch wenn es gerade nicht so den Anschein macht. Liebe weiß, dass alles in Ordnung ist, so, wie es ist. Es ist keine Liebe, wenn man liebt, um etwas zu erreichen. Liebe ist das Resultat der Erkenntnis dessen, was wir Menschen sind. Liebe ist immer schon da gewesen, in uns allen. Sie ergreift einfach dann mehr und mehr Besitz von uns, je besser wir uns selbst erkennen können. Es geht also nicht darum, zweckmäßig zu lieben, sondern darum, der Liebe in uns ein Feld zu bieten, in welchem sie sich ausbreiten und entfalten darf. In einer solchen Welt der Liebe Raum zu schaffen, das zeugt von wahrem Mut. Denn zu Beginn ist die Liebe verletzlich und wehrlos. Und es braucht Mut, diese Anfangsphase zu überstehen, ohne in die Angst zu verfallen. Liebe erzeugt und entwickelt also Mut. Daher gehen Mut und Liebe immer Hand in Hand so lange, bis keine fremde Hand mehr Deine Wangen erreichen kann.

So wie ich empfehle, dass Du nie die Hand, welche Dich küsst, schlagen sollst, so rate ich Dir auch, dass Du die Hand, die Dich schlägt, küssen sollst! Tja, bist Du schon mutig genug? Hast Du schon Liebe genug? Wenn ja, dann wirst Du allen von mir beschriebenen Gefahren nie ausgesetzt sein. Wenn nicht, und Du findest Dich hin und wieder in solchen Situationen und Gefahren, dann nutze diese Gelegenheiten als Chance dafür, Deine Liebesfähigkeit zu erweitern.

Und in dem Maße, wie Du Deine Liebe erweiterst, transformierst Du die Gedanken der gesamten Menschheit, und eines Tages, wenn wir sie alle mit unserer Liebe und Wertschätzung und mit unserem Mut durchtränkt haben, wird mein Traum in Erfüllung gehen: eine liebevolle Gemeinschaft menschlicher Wesen auf dem gesamten Planeten, im gesamten Universum, ja, eine Galaxis der Liebe und des Friedens. Eine von unzähligen, welche diesen Prozess bereits seit Jahrmillionen hinter sich haben. Dann, und erst dann, gehört auch diese Menschheit zur liebenden

Gemeinschaft einer galaktischen Konföderation, welche bisher im Hintergrund geblieben ist, damit wir diesen Schritt aus eigener Initiative bewerkstelligen können.

2012-2030

Das gesamte Universum versucht uns mit vereinten Kräften in diesem Prozess zu unterstützen. Die Jahre 2012 bis 2030 werden die Menschheit erleuchten. Unsere gesamte genetische Struktur wird gegenwärtig umgebaut. Unhörbar, unsichtbar, dennoch auf äußerst effiziente und nachhaltige Weise. Die Schwingungen, welche zum gegenwärtigen Zeitpunkt auf uns einwirken, werden jeden von uns transformieren! Was geschehen wird, ist keine Katastrophe, sondern die erste Strophe eines neuen Liedes. Das Universum, in dem wir leben, hat ein neues Lied angestimmt, das Lied des Friedens. Und wenn Du genau, ganz genau hinhörst und hinspürst, kannst Du es bereits hören! Es beinhaltet keine Texte, keine Worte, es ist eine Melodie, eine Symphonie, welcher sich schon bald kein Mensch mehr entziehen kann. Klar, die Ouvertüre ist monumental, ja, gewaltig, aber dann mündet die Musik in die allerschönste und längste Liebessymphonie, welche diese Welt je gesehen hat. Begegne ihr mit Liebe und sie wird Dich begeistern oder begegne ihr mit Angst und erlebe das Gegenteil. Es liegt an Dir. Entscheide. Entscheide Dich JETZT, welche Haltung Du einnehmen und welchen Weg Du gehen willst, denn die Zeit ist reif. Bist Du es auch?

Was wir wirklich sind!

Ich möchte Dich mal mit meiner Betrachtungsweise dessen vertraut machen, wie ich die Position des Menschen in Bezug auf das Universum sehe.

Wenn wir uns als Menschen, die vom Universum getrennt sind, betrachten, dann wäre natürlich alles einfacher. Aber ich denke nicht, dass Du zu den Menschen gehörst, die es lieber einfach als wahr haben, oder?

Also, stell Dir das mal wie folgt vor: Du bist kein unabhängiger Mensch. Du existierst nicht getrennt vom Universum oder als Einzelteil innerhalb eines Universums, welches um Dich herum und unabhängig von Dir existiert. Wenn ich es sogar ganz genau nehmen würde, dann existiert da gar kein Universum außerhalb. Aber so weit möchte ich Dich heute nicht herausfordern. Nehmen wir also an, da ist ein Universum außerhalb – man kann das sehr wohl auch so betrachten und es ist nicht grundlegend falsch, sondern bloß eine andere Betrachtungsweise von einem anderen Standpunkt aus – und da bist Du. Also, das Universum und Du inmitten des Universums, das ist das Bild. Nun möchte ich Dir erklären, dass das sogenannte Universum nicht einfach ein Raum mit viel Platz und vereinzelten Planeten, Sternen, Sonnen und Galaxien ist, sondern ebenfalls ein Körper. Da sind also nicht bloß irgendwelche Himmelskörper wie man es in der Schule gelehrt bekommt, sondern der gesamte Himmel, das gesamte Universum ist ein Körper. Ich nenne ihn manchmal auch den himmlischen Körper Gottes. Ihr seid nicht einzelne Körper, sondern Zellen dieses Körpers! Was Du tust, was Du denkst, was Du fühlst und wie Du bist, hat unmittelbaren Einfluss auf alles. Genauso, wie es in Deinem Körper wichtig ist, wie sich jede einzelne Zelle verhält, damit das dazugehörige Organ ebenfalls tadellos funktionieren kann, und wenn diese Voraussetzungen gegeben sind, dann und nur dann wird der gesamte Körper so funktionieren, wie er funktionieren könnte.

Im Kleinen sieht es so aus: Der einzelne Mensch, Du und ich, sind die Zellen. Menschengruppen wie Familien, Nationen oder Glaubensgemeinschaften sind wie Organe, die Netzwerker sind wie ein Nervensystem, die alles miteinander verbinden, und die Handwerker, Bauarbeiter, Straßenkehrer, Bauern etc. sind wie die Muskelfasern, welche die Muskeln bilden, und all die vielen Gelehrten und Akademiker sind Gehirnzellen der linken Hirnhemisphäre, wogegen die Musiker, Maler, Künstler und Dichter die Hirnzellen der rechten Gehirnhälfte symbolisieren. Auch für die Natur, die Tiere und alles andere ist es leicht, Analogien herzustellen. Ich will nicht zu sehr ins Detail gehen, ich male ja nur so ein Bild, ein ungefähres, um zu verdeutlichen, was ich meine. Alle diese einzelnen Zellen und Zellenverbände bilden letztlich gemeinsam mit unserer Mutter Erde einen einzigen Körper.

Aber wie gesagt, das ist das kleine Bild. Im Großen begibt es sich so, dass auch dieser eben vor mir beschriebene Körper ebenfalls bloß eine Zelle des göttlichen

Leibes darstellt. Wenn Du Dir also wider besseren Wissens doch ein Bild von „Gott" machen möchtest, dann kann es unmöglich ein Mensch sein oder ein menschliches Aussehen besitzen, wie es uns die Religionen weismachen wollen. Der Mensch ist nur eine kleine, ganz kleine Analogie zur Verdeutlichung dessen, wie der göttliche Körper auch im ganz großen Stil funktioniert. Alles muss perfekt aufeinander abgestimmt sein. Jede einzelne Zelle muss seine Aufgabe vollkommen ausführen. Ansonsten, wie in unserem eigenen, fleischlichen Körper auch, entstehen Komplikationen.

Würden zu viele Zellen aus der Ordnung geraten und sich disharmonisch zum gesamten Organismus verhalten, entsteht Krankheit. Sobald aber ein System gestört wird und erkrankt, macht es sich auf, um die störenden Zellen, Viren, Bakterien oder Parasiten etc. ausfindig zu machen und zu korrigieren. Gelingt dies nicht, so kann dies bis zum Tode führen. Das ist ja bekannt. Allerdings ist der Tod ebenfalls immer nur die letzte Möglichkeit, den totalen Untergang eines Systems zu retten. Die ultimative Heilung ist also oft das, was wir persönlich als Tod erfahren. Bevor man jedoch stirbt, sendet das restliche System lange Zeit zuvor immer deutlicher werdende Signale aus. In körperlicher Hinsicht nennen wir diese Signale Symptome. In diesen Symptomen wäre also die Botschaft enthalten, um wieder zu genesen. Um sich wieder in die Gesamtharmonie einzufügen.

Einige der Zeichen, dass Du nicht mehr so ganz in Harmonie mit dem großen Ganzen bist, ist zum Beispiel, dass im Leben immer mehr erschwerte Bedingungen auftauchen. Dass man den Job verliert oder verlassen wird oder bankrottgehen oder eben unglücklich und krank wird. Ein offensichtliches und eindeutiges Zeichen dafür, dass Du nicht mehr optimal im Zellverband des Universums mitschwingst, ist: das Gefühl, Opfer zu sein.

Die Menschheit schwingt nicht mehr

Mittlerweile schwingen so viele Menschen nicht mehr im Einklang mit der Schöpfung, dass die Menschheit als Ganzes die Harmonie des Universums, das göttliche Symphonieorchester, hör- und sichtbar beeinträchtigt. Mit anderen Worten: Das Universum kann kein Auge mehr zudrücken. Wir sind zu gefährlich geworden. Bisher hatte die Menschheit die freie Wahl, sich wieder selbst in Übereinstimmung zu bringen, dies hat sich jedoch in den letzten Jahren dramatisch geändert. Mittlerweile ist die Lage so, dass wir nunmehr bloß noch die Option haben, uns entweder wieder einzufügen oder aber eliminiert zu werden. Ja, ich weiß, das klingt gar nicht nach mir oder nach Free Spirit und schon gar nicht nach freiem Willen. Aber schau, was würdest Du tun, wenn Dich ein Virus bedroht? Klar, solange er Dich und Dein Leben nicht ernsthaft bedroht, wirst Du es einfach durchstehen. Was aber, wenn es lebensbedrohlich wird? Genau, dann würdest Du wohl alles dafür tun, den Störenfried zu eliminieren, oder? Gut, dann brauchst Du also nicht enttäuscht zu sein vom Universum, es tut ja bloß genau dasselbe wie Du. Im Großen herrschen also dieselben Gesetzmäßigkeiten wie im Kleinen.

Momentan existiert nur noch eine Möglichkeit: Entweder wir fügen uns wieder ein, oder wir werden eliminiert. Die universellen Selbstheilungsprozesse sind bereits eingeleitet. Der Heilungsprozess läuft. Sämtliche Aktivitäten in unserem Sonnensystem sind im Begriff sich zu ändern. Die Sonne bereitet sich auf intensivste Aktivitäten vor, einige Planeten haben bereits ihre Bahn verändert und die gesamte Schwingung des Universums erhöht sich massivst. Gegenwärtig wird gerade ein neuer Evolutionsschritt eingeleitet. Die menschliche DNA wird gänzlich neu strukturiert und das Mensch-Sein wird grundlegend transformiert. Nicht nur die Zeit läuft schneller, sondern auch die menschliche Entwicklung. Wir haben es jetzt mehr denn je in unseren Händen, ob wir im Gesamtkontext zum Universum als symbiotisch oder parasitär gelten wollen. Je nachdem, wie Deine Entscheidung ausfallen wird, wird Dich auch das Universum dementsprechend behandeln. Es wird Dich entweder eliminieren oder integrieren. Ich glaube, ich muss es nicht erwähnen, dass das Universum keine Ausnahme machen kann und wird. Es steht zu viel auf dem Spiel.

Entweder schwingen wir mit oder es schwingt uns weg. Ganz nach dem bekannten Sprichwort: Wer nicht mit der Zeit geht, geht mit der Zeit. Ja, und die Zeit ist reif. Die Frage ist bloß, ob wir selbst auch reif geworden sind. Es reicht nicht, bloß alt zu sein, Reife ist gefragt. Und Reife geschieht, nicht wie das Alter von ganz alleine, sondern aufgrund von geistigem Wachstum. Es ist also kein Alterungs-, sondern ein Reifungsprozess. Reifungsprozesse benötigen sehr viel mehr Zeit als Alterungsprozesse. Mit anderen Worten: Wer bis dato noch keine grundlegende Reife erreicht hat, wird es sehr, sehr schwer haben, in der kurzen uns noch zur Verfügung stehenden Zeit genügend zu reifen. Schnellreifeprozesse erfordern sehr viel Know-how und äußerste Entschlossenheit. Da bleibt keine Zeit mehr über für Zweifeleien oder dazu, alle Begebenheiten und Umstände unseren Wünschen anzupassen. Reife zu erlangen ist eben kein künstlicher Prozess, sondern ein natürliches Wachsen in Bewusstheit von alledem, was geschieht und was man in seinem Leben erfahren hat. Es genügt nicht, es einfach erlebt zu haben, es will bewusst erfahren und integriert sein. Sonst findet keinerlei Reifung statt.

Wir sind das Ganze

Lange Zeit haben sich die meisten Menschen als ein Teil von etwas gesehen. Ein Teil von Gott, der Schöpfung, dem Universum oder wovon auch immer. Aber mehr und mehr eröffnet sich eine neue alte Sicht der Dinge wieder in uns. Jetzt im Morgengrauen des lichtvollsten Zeitalters, welches dieses Universum und die Menschen seit den letzten rund 26.000 Jahren je gesehen haben, wird es nun wieder im Bewusstsein aufleuchten: Wir sind das Ganze. Wir haben zwar die Möglichkeit, uns wieder abzuspalten und zu glauben, wir seien nur eine kleine, unbedeutende Zelle im großen himmlischen Körper Gottes, dem Universum. Aber wir haben nun auch wieder die Möglichkeit, uns als Ganzes wahrzunehmen. Wir sind nämlich weder das Eine noch das Andere, sondern beides. Je nachdem ... es ist nur eine Frage des Bewusstseins, des Standpunktes.

Aber stell Dir vor, jemand lebt noch voll im Bewusstsein, dass er bloß eine Zelle sei, getrennt vom Ganzen ... isoliert quasi ... und ohne Verantwortung für all das, was um ihn herum geschieht ... Da ist er selbst und da draußen die Welt. Dieser jemand glaubt vielleicht sogar, dass sein Leben mit der Geburt beginnt und mit dem physischen Tod endet ...

Wie aus Wünschen Realität werden kann

Wünsche sind zunächst Gedanken, Ideen, welche bereits Freude auslösen, wenn man sie sich vorstellt. Somit sind sie also, auf einer bestimmten Ebene, schon Realität. Die Frage ist nun aber: Wie bringe ich solche feinstofflichen Ideen in eine grobstoffliche, materielle Erfahrungswelt hinein? Wie wird aus einem Wunsch erfahrbare, greifbare und materielle Realität? Und das Geheimnis der Verwirklichung unserer Wünsche und Träume ist gar nicht so mysteriös, wie es den Anschein macht.

Verwirklichung heißt ja, in die Wirklichkeit hineinbringen. „Wirklichkeit" meint in diesem Kontext Realität. Denn eigentlich sind Wirklichkeit und Realität in etwa so unterschiedlich wie Realität und Traum. Wirklichkeit ist eigentlich das, was hinter und meist weit jenseits persönlicher Realität vorhanden ist. Dies wäre vor allem dann gut zu wissen, wenn man der Erschaffung von Realität seine tieferen Forschungen widmen möchte, und dann, wenn man sich darüber wundert, warum positives Denken nicht funktioniert oder sich seine Wünsche trotz aller Bemühungen doch nicht realisieren lassen.

Was man zudem auch wissen sollte, ist, dass positives Denken nur von negativ eingestellten Menschen praktiziert wird. Überrascht? Denk mal nach! Wäre ein Mensch wirklich positiv, müsste oder würde er sich dann damit beschäftigen, positiv zu denken? Braucht jemand, der positiv ist, positiv denken? Nein, selbstverständlich nicht. Positiv denken müssen nur jene, welche sonst anders denken, negativ nämlich. Oder musst Du stets daran denken, dass Du eine Frau oder ein Mann bist? Nein, wenn Du ein Mann bist oder eine Frau, dann bist Du es einfach und es erfordert keinerlei Anstrengung dahingehend, eine Realität aufrechtzuerhalten, welche Du schon bist. Du bist bereits das, was Du bist, und nur Deine Zweifel daran würden Dich dazu bringen, es immer wieder zu bestätigen, sei es mit Worten, Gedanken oder Affirmationen. Aber das ist Unsinn. Solche Hilfsmittel dienen bloß dazu, die eigenen Zweifel zu untermauern. Das macht wenig Sinn dann, wenn Du etwas Neues in Dein Leben hinein erschaffen willst. Dies muss schon etwas genauer und auch logischer angegangen werden, damit es schlussendlich auch gelingt. Deshalb spreche ich auch von einer Wissenschaft des Bewusstseins. Es hat nichts mit Esoterik, positivem Denken oder Träumerei zu tun, nein, es handelt sich dabei um die Erforschung und die Arbeit mit Fakten. Auch wenn diese Fakten teilweise auf einer anderen Ebene beheimatet sind, so sind es dennoch Fakten.

Die Zeiten, in denen bloß mit physischen Händen greifbare Tatsachen als Fakten gegolten haben, sind schon lange vorbei. Wellen, Schwingungen, Frequenzen, Interferenz, Kohärenz, Magnetismus, Elektrik, Licht usw., alles unsichtbar und doch faktisch vorhanden, nachweisbar und nutzbar. Wir sehen, unsichtbare Realitäten kommen der sichtbaren Ebene immer näher. Und diese Entwicklung hat übrigens erst angefangen ... sie wird noch Dimensionen annehmen, die selbst die heutigen Visionäre unter uns nicht einmal zu träumen wagen. Ich denke, dass das gängige Weltbild zu mindestens 99,9 % überholt werden wird und in der Rückschau die heutige Zeit und Technik in etwa so anmuten wird, wie wenn wir heute zu den Neandertalern zurückblicken.

Gemäß neuster Erkenntnisse ist hinreichend erwiesen, dass jegliche Form der Realität eine gewisse Relativität besitzt. Von Wirklichkeit im Sinne von Wahrheit kann also keine Rede sein. Ich möchte jetzt aber nicht zu tief in diese Materie vordringen, denn das würde hier den Rahmen sprengen.

Grundsätzlich sind im Allgemeinen zwei Verwirklichungsmethoden bekannt: Wunsch und Widerstand. Du kennst das ja sicher selbst: Entweder Du willst etwas unbedingt und zweifellos oder Du willst es auf gar keinen Fall. Ja, wer will schon verlassen, krank oder erfolglos sein? Keiner. Und je weniger man so etwas erleben möchte, umso eher erlebt man es. So funktioniert bewusstseinsbezogene Erschaffung von Realität. Kämpfe gegen etwas und Du wirst es nicht mehr los. Weitaus effizienter wäre es, für etwas zu sein! Nun wird aber jeder sagen: „Ich bin für dies oder jenes ...", aber das stimmt in den meisten Fällen nicht mit der inneren Wirklichkeit überein. Es klingt zwar richtig, aber tief im Innersten hegen die meisten eben doch den Widerstand gegen das Unerwünschte. Und auch wenn dies unbewusst abläuft, es manifestiert sich stets das, was wirklich respektive echt ist. Die Welt ist wie ein Spiegel und lässt sich nicht betrügen. Sie spiegelt immer das, was wirklich ausgestrahlt wird, und nicht das, was wir vorgeben. Wer also glaubt, dass die Welt nicht gerecht ist oder es nicht so funktioniert, wie ich behaupte, der beweist dadurch bloß, dass er sich selbst nicht kennt. Deshalb steht Selbsterkenntnis auch hier an allererster Stelle. Dies garantiert mitunter auch, dass man sich nicht – unbewussterweise – etwas erschafft, was einem am Ende gar noch schaden könnte. Natürlich gibt es auch andere Methoden, rücksichtslose, mit denen man eine bestimmte Realität erzwingen kann ... und zu Beginn scheint auch dies reizvoll und herrlich zu sein, aber langfristig betrachtet hat solches „Glück" keinen Bestand.

Manche mögen mir entgegnen, dass „positiv Denken" doch eine gute Sache sei und durchaus belegbare Wirkungen hervorzubringen vermag. Ja, das stimmt. Ich sage nicht, dass es keine Wirkung hätte, aber die Wirkung ist begrenzt und zudem anstrengend. Es funktioniert nur so lange, wie man stark und ausdauernd genug ist, ständig eine gedankliche Realität aufrechtzuerhalten, welche eigentlich nicht der Wahrheit entspricht. Eine „positive Lüge" also. Je besser einer sich selbst also etwas vortäuschen kann, desto besser funktioniert das auch. Jedoch darf man nie nachlassen oder gar seine Bestrebungen einstellen, denn sonst holt einen die Wirklichkeit umgehend wieder ein!

Die Wirklichkeit entspricht immer dem, was wirklich respektive was wahr ist. Natürlich kann die Wahrheit unterdrückt oder mit etwas „Positivem" übertönt werden, aber nicht für immer. Ich kann mir also durchaus zum Beispiel viel Geld, Ruhm und Erfolg erschaffen, weil ich unzufrieden mit mir bin. Aber die innere Unzufriedenheit wird deswegen nicht verschwunden, sondern bloß übertönt sein ... und dies wird sich umso gravierender auswirken, wenn die Freude über das neugewonnene vermeintliche Glück nachlässt. Und es wird nachlassen! Umso größer wird die kommende Depression sein. Denn das, was innen wirklich ist, kann durch Äußeres nicht aufgehoben werden. Im Gegenteil, es potenziert sich! Am Ende liest man in den Zeitungen: Reich, schön, gesund ... Selbstmord im Drogenrausch.

Das Positivste am positiv Denken

Das Positivste am positiv Denken ist, dass es positiv klingt. Ja, es klingt immer gut zu sagen, dass man positiv denkt, dass man mantragleich rezitiert, dass man glücklich und gesund ist. Das Dumme dabei ist bloß, dass einer, der sich wirklich gesund und glücklich fühlt, niemals auf die Idee käme, sich solches selbst vorzubeten. Am Anfang zu einer wirklichen Veränderung ins Positive steht immer die nüchterne Erkenntnis der eigenen Unzufriedenheit mit dem, was gerade ist. Doch genau diesem Umstand versuchen die „Positiv-Denker" auszuweichen. Denn sie denken, dass dies negatives Denken wäre. Aber es ist nicht negativ, sich zunächst das einzugestehen, was ist. Wer wirklich etwas verändern will, und zwar dauerhaft, der muss sich mutig und zuversichtlich zuerst dem stellen, was ist. Das ist der erste Schritt. Wenn Du Wünsche hast, so musst Du wissen, dass hinter jedem Wunsch eine Angst steht. Und ohne sich dieser Angst zu stellen, ist keine dauerhafte Veränderung möglich, sondern bloß ein Verstellen. Aber das, was wir in und an uns verstellt haben, stellt sich uns, früher oder später, in den Weg. Wenn wir also tiefgreifende und dauerhafte Veränderungen bewirken möchten, so reicht es nicht, es einfach an der Oberfläche des Bewusstseins zu verändern. Wir müssen es in der Tiefe des Unbewussten tun. Das Unbewusste in uns zu entdecken ist gar nicht so schwer. Wir müssen uns bloß die Frage stellen: „Was macht es notwendig, dass wir dies oder jenes ins Positive umkehren wollen?" Die darauffolgende Antwort birgt die Lösung in sich. Es will genau das integriert sein, was es notwendig macht, positiv zu denken.

Überzeugungen erschaffen letztlich unsere persönliche Realität. Das heißt, dass sich immer das manifestiert, was ich wirklich denke, und das, was ich wirklich bin, und nicht das, was ich gerne denken oder sein würde! Lass mich ein Beispiel machen:

Wenn ich gerne erfolgreicher sein würde, dann denke ich also nicht einfach: „Ich bin erfolgreich", sondern begegne der Wahrheit dahinter, die da ist: „Ich bin erfolglos, ein Loser." Das ist es, was wirklich da ist und was in mir den Wunsch nach Erfolgreichsein entstehen lässt. Das ist Fakt. Nun, anstatt diese Wirklichkeit abzulehnen, zu ignorieren oder mit positiven Gedanken zu übertönen, gilt es, dies erst mal anzunehmen, zu fühlen und zu integrieren. Wenn ich dies tue und es sich integriert, dann ist das, was danach entsteht, automatisch das Gefühl des Erfolgreichseins. Dann muss ich es nicht mehr denken, weil es so ist. Und weil es so ist, anstrengungslos, zweifelsfrei und eindeutig, wird es sich auch manifestieren. Ich brauche dann nichts mehr dafür oder dagegen zu tun, sondern kann einfach zuschauen, wie es sich von alleine in mein Leben hinein entfaltet. Auf solche Art entstandene Realität wird von Bestand sein.

Am Anfang steht immer ein JA oder ein NEIN. Ein JA erzeugt beständige und ein NEIN unbeständige Realität. Es ist also von größter Bedeutung, ob ich mit JA oder NEIN beginne. Die Welt da draußen reagiert also letztlich immer auf das, was Du wirklich glaubst, und nicht auf das, was Du zu glauben vorgibst oder wünschst glauben zu können. In dem Moment, in dem Du wirklich von etwas überzeugt bist, dann wird es auch geschehen müssen!

Die Matrix

Wir leben hier in einem Konstrukt von so vielen möglichen Realitäten, welche einerseits so kompliziert anmutet, dass man sich kaum mehr zurechtfindet, aber andererseits so einfach ist, dass sie sich auch leicht nutzen lässt. Das größte Hindernis in unserem Leben innerhalb dieser Matrix ist unser eigenes, begrenztes Bewusstsein. Bewusstsein begrenzt sich übrigens am deutlichsten durch Wissen respektive dadurch, dass es glaubt zu wissen. Zu glauben, dass man etwas weiß, ist die Sackgasse per se. Daher sagten jene, welche tiefer ins Bewusstsein eingedrungen sind, stets: „Je mehr ich weiß, desto mehr weiß ich, dass ich nichts weiß." Sie haben erkannt, dass jegliche Realität innerhalb dieser Weltenmatrix eine relative ist.

Doch mittlerweile ist es selbst der Wissenschaft klargeworden, dass unsere Realität wohl doch anders funktioniert, als bisher angenommen. Physik und Metaphysik waren sich nie näher als heute. Wissenschaft und Spiritualität beginnen sich zu verschmelzen und werden innerhalb der nächsten wenigen Jahre ein vollkommen neues Weltbild prägen. Doch in dem Maße, wie neue Strukturen entstehen, werden die alten fallen müssen. Jeder Geburt geht ein Tod voraus. Gerade heute befinden wir uns in einem solchen, universellen Neubeginn. Das heißt: Die bisherigen Systeme müssen zugunsten einer neuen

Matrix zusammenbrechen, sterben oder anders gesagt: sich verwandeln. Ja, ohne diese Transformation wäre der Untergang der Menschheit besiegelt. Daher denke ich, dass es langfristig durchaus sinnvoller ist, dass das alte System stirbt, als dass wir sterben. Im alten System ist Leben begrenzt und kann sich nur begrenzt entfalten. Im neuen jedoch wird sich alles Lebendige grenzenlos entfalten können und in jedem Augenblick werden sich uns allen ununterbrochen neue Welten und Möglichkeiten eröffnen, von denen wir nicht einmal zu träumen wagten. Es wird also eine höchst interessante „neue" Zeit auf uns zukommen! Auf jene zumindest, welche bereit sind, den kommenden Evolutionssprung zu wagen, und sich nicht an der veralteten Matrix festklammern.

Die neue Matrix wird keine Begrenzungen bezüglich der Manifestation der Wirklichkeit mehr beinhalten. Das heißt: Alles, was Du denkst und fühlst, wird sich unmittelbar verwirklichen. Verständlich daher, dass sich viele Menschen davor fürchten. Verständlich aber auch, dass ich der Meinung bin, dass das Wesentlichste überhaupt die gezielte Arbeit am eigenen Bewusstsein ist. Denn für so eine gravierende Veränderung muss der Mensch erst mal bereit sein. Für jene unter uns, welche bereit sein werden, wird die neue Wirklichkeit dem Paradies gleichkommen. Für die anderen jedoch, jene, welche weiterhin glauben die Welt täuschen zu können, werden sich wohl eher in der Hölle wähnen und der globalen wie auch persönlichen „Ent-Täuschung" kaum standhalten können. Die Weichen gilt es nun JETZT zu stellen. Warum gerade jetzt? Weil es weitaus leichter ist, ein aufkommendes Unheil zu vermeiden, als mit einem bereits bestehenden umzugehen. Deine Zukunft liegt also in Deinen Händen!

Es wäre weitaus weiser, sich vorzubereiten und die eigene Zukunft aktiv zu gestalten, als zu warten, bis sich alles das manifestiert, was Du bisher verleugnet hast oder vermeiden wolltest. Du hast immer zwei Möglichkeiten, erstens: Deine Ängste im Innern zu integrieren und JA zu ihnen zu sagen oder zweitens: so zu tun, als wärst Du schon klar und authentisch und Dich dann von der Wirklichkeit in bereits manifestierter Form überraschen zu lassen. Doch bedenke: Die Arbeit in und an Deinem Innern erleichtert Dein Leben im Außen gewaltig! Zu glauben, dass Du es ja dann machen kannst, wenn es so weit ist, wäre sehr dumm und schmerzhaft. Es ist wie mit den Zähnen, konsultiert man den Zahnarzt früh genug, werden die Schmerzen wenig und erträglich und das Problem rasch behoben sein. Wartest Du zu lange, dann viel Vergnügen ...! Aber klar, es wird auch dann irgendwie zu lösen sein, das stimmt, aber wie viel einfacher, schmerzloser und leichter hättest Du es Dir machen können . Je weiser Du bist, desto früher agierst Du. Wie bei den Zähnen, man denkt oft schon vor dem ersten Schmerz, dass man doch mal wieder zum Zahnarzt gehen sollte, oder? Aber klar, wozu auch? Es tut mir ja gar nirgendwo weh. Ja, noch nicht ... Vielleicht hätte der Zahnarzt bloß eine kleine, gefährdete Stelle entdeckt, diese ein wenig poliert und versiegelt und die Sache wäre ohne großen Aufhebens erledigt gewesen. Aber nun ist es zu spät. Es schmerzt, der Nerv ist bereits entzündet und die Backe dick wie eine Zitrone ... Aua! Hättest Du wohl bloß auf Deine Intuition gehört ... jetzt musst Du da durch ... und zwar ganz materiell ... alles ist schon manifestiert ... und eine schmerzhafte Erfahrung nicht mehr zu umgehen. Jetzt nicht mehr, damals schon. Vorteil? Ja, Du machst eine Erfahrung und Dein Zahnarzt verdient viel Geld. Das ist die alte Matrix. Lust auf eine neue?

Die bestehende Matrix ist eine Angst-Matrix. In einer solchen Matrix bestehen immer Wünsche, unerfüllte Bedürfnisse und eben ... Angst. Aber parallel dazu existiert auch, schon seit ewigen Zeiten, die „neue" Matrix, die Matrix der Liebe.

Im Gegensatz zur Matrix der Angst, welche voller Misstrauen und Vorsicht ist, beinhaltet die Matrix der Liebe vor allem eins: Vertrauen. Aber nicht bloß normales Vertrauen, welches eigentlich mehr Hoffnung ist als Vertrauen, nein, echtes tiefstes Urvertrauen in die Schöpfung. Wenn eins klar ist, dann dies: Das Universum arbeitet immer und ausschließlich für Dich. Da ist keine Vorsicht, kein Misstrauen, kein Zweifel und nichts dergleichen notwendig und auch nicht vorhanden. In jener Matrix bist Du vollkommen sicher, ruhig und geborgen. Einerlei was geschieht, Du weißt, dass es vollkommen und in Ordnung ist. Die Matrix der Liebe oder, wie ich sie auch gerne bezeichne, die Matrix der tieferen Wirklichkeit ist jedoch nicht getrennt von der alten Matrix der Angst, sondern sie durchwebt sie mit einem äußerst filigranen Netzwerk. Wenn Du in ihr lebst, so lebst Du oberflächlich gesehen auch in derselben Welt wie alle anderen, aber Du bist nicht mit ihr identifiziert. Daher die Aussage: Ich bin in dieser Welt, aber nicht von dieser Welt.

Und wenn ich in diesem Kontext von Liebe spreche, dann meine ich Liebe und nicht das schwülstige Konglomerat egoistischer Emotionen, welche die Menschen im Allgemeinen als solche bezeichnen. Liebe, wahre Liebe ist Echtheit voller Wertschätzung und Mitgefühl. Nicht darauf ausgerichtet, geliebt zu werden, sondern zu lieben. Nicht darauf ausgerichtet, etwas zu bekommen, sondern zu geben. Und dies nicht deswegen, weil es besser oder edler ist, sondern einfach deswegen, weil es deren Natur entspricht. Liebe, wahre Liebe kann nicht anders. Sie ist wie die Sonne und das Licht, es kann nicht anders, als auszustrahlen, zu geben und sich selbst zu verströmen. Es kommt gar nicht auf die Idee, etwas zu wollen. Daher ist es auch die Ebene der Selbst- respektive Ichlosigkeit. Nur dort ist der Mensch wunschlos und absolut glücklich. Nur in der neuen Matrix ist somit auch die Einswerdung mit dem Göttlichen möglich. Es ist nicht so, wie viele glauben, dass man zuerst Eins wird und dann die Matrix wechselt; nicht so, dass man zuerst Eins mit Gott wird und dann glücklich ist, sondern umgekehrt! Dein Glücklichsein ermöglicht die Verschmelzung, nicht umgekehrt! Wenn Du lieber warten willst, bis Du perfekt bist, bevor Du Dich traust zu Gott zu gehen, dann gehst Du nie! Warum? Weil Du es erst dann sein kannst, nachdem Du zu Hause gewesen bist. Verstehst Du, was ich meine? Ich spreche hier aber nicht von einem Gott der alten Matrix! Dieser Gott ist gemein, blutrünstig, nachtragend, skrupellos und ungerecht! Er ist kein Gott, sondern eher ein Teufel. Er bestraft, schüchtert ein, verurteilt und richtet. Das ist nicht Gott! Das ist ein von krankem Menschengeist geschaffenes inexistentes Wesen, welches bloß als Machtinstrument in der Matrix installiert wurde, um die Menschheit zu unterdrücken und gefügig zu machen. Innerhalb der alten „Angst-Matrix" gibt es kein Entrinnen aus dieser so fest installierten Angst- und Moralverknüpfung. Man wird sie zurücklassen müssen. Man kann sie nicht mitnehmen. Die Menschheit wird sich entscheiden müssen! Sie werden nicht bloß ihre Ängste, sondern auch ihren „Gott" überwinden müssen. Die wenigsten werden dafür bereit sein, aus Angst.

Ihr Verstand wird ihnen sagen, dass sie sich damit in ihr spirituelles Verderben begeben würden. Gottlosigkeit wäre das Verderben und so weiter. Und das stimmt auch! Ohne Göttlichkeit sind wir nicht existent und in der Tat verloren. Aber der alte Gott ist lediglich ein Götze, welcher wohl kaum entfernter von dem, was Gott wirklich ist, sein könnte. Gottlosigkeit ist somit ebenfalls etwas, was nur in der alten Matrix möglich ist/war. Die neue Matrix, die Matrix der Liebe ist die Matrix des Seins in der Göttlichkeit. Die alte Mär des weisen Gottvaters mit weißem Bart und ebenso weißem wie wallendem Haar, der auf einer Wolke sitzt, wird abgelöst durch das, was ich „die Göttlichkeit" nenne. Die Göttlichkeit ist also keine Person mehr, sondern eher die allumfassende Präsenz des Lebens selbst. Und dennoch, obwohl unpersönlich, doch direkt ansprechbar für jeden von uns. Ich weiß auch nicht, wie dies funktioniert oder irgendwie verständlich zu erklären ist ... ich weiß bloß, dass es mich und alle ... und alles ... seit Anbeginn und bis zum Ende aller Zeiten und darüber hinaus durchflutet, durchdringt, belebt und liebt, bedingungslos und ewig.

Ich hoffe, der eine oder andere weiß, wovon ich hier spreche. Für alle anderen wünsche ich, dass sie die Matrix zu wechseln im Stande sind und die Dinge für sich selbst entdecken mögen ... Es wartet auf jeden Fall eine vollkommen neue Welt auf Dich, eine Welt, die nicht nur perfekt, sondern wahrhaftig vollkommen ist.

LEBE!

Eine komische Aufforderung, nicht wahr? Lebe?! Du denkst bestimmt, dass Du doch bereits lebst, ja? Und jetzt komme ich und sage: Lebe! Erlaube mir bitte, das etwas genauer zu definieren, was ich unter leben verstehe. Leben heißt lieben. Das heißt, dass der Mensch das lebt, was er liebt. Wenn ich nun aber die Menschen und deren Lebensweise beobachte, so komme ich zum Schluss, dass sie entweder die falschen Dinge lieben oder aber nicht leben. Wichtig dabei ist, dass Du selbst ein wenig Innenschau betreibst während meiner Lektion zu diesem Thema!

Wie sieht Dein Alltag, Dein Leben aus? Wie sieht das Leben der meisten Menschen aus? Wonach streben und wofür leben sie? Nach Anerkennung? Nach Geld? Nach Macht? Nach Familie? Nach einem eigenen Häuschen, Auto, Arbeit, nach einem Hund oder Kinder? Oder nach allem?

Wie viele Menschen leben nur dafür, sich den Lebensunterhalt zu verdienen und sich alle Bedürfnisse zu erfüllen? Sie bemerken während ihrer lebenslangen Bemühungen nicht einmal, dass ständig neue Bedürfnisse in ihnen hervorsprießen. Zuerst dachten sie, dass sie ein Bankkonto haben wollen mit ... hm ... sagen wir 10.000,- und dann, als sie das vollbracht hatten, fühlten sie sich trotzdem noch zu arm und dachten, dass es doch schön wäre, 20.000,- zu besitzen, dann 30.000 - dann 50.000.-, dann 100.000,- und so weiter. Zuerst war man nackt und wünschte sich einfach Kleidung, doch dann hörte es nicht auf und heute besitzen sie so viel Kleidung, dass sie sich mehrmals täglich umziehen könnten und trotzdem die ganze Woche nie zweimal dasselbe tragen müssten. Es hört nie auf und bevor man sich versieht, ist das ganze Leben vorbei und man hat nur – aus lauter Angst vor der Zukunft – Vorsorge betrieben.

Sicherheit, alle wollen Sicherheit und alle denken, dass sie dann, wenn sie sicher sind, anfangen könnten das Leben zu genießen. Doch diese Rechnung geht nicht auf! Sicherheit ist nicht zu bekommen, denn das Leben ist nicht sicher. Es ist ein wahres Risiko zu leben. Liebe ist niemals sicher! Selbst dann nicht, wenn man sie heiratet. Die Frau oder den Mann, den Du liebst, wird nicht lebendiger, wenn Du sie zur Ehefrau oder ihn zum Ehemann degradierst. Liebe ist immer dann am schönsten, wenn sie oder weil sie in jedem Augenblick aus Deinem Leben verschwinden könnte. Leben ist immer dann am intensivsten, wenn es in Gefahr ist. Und eines musst Du unbedingt wissen, um leben zu können:

Leben ist lebensgefährlich!

Wenn wir uns dessen wieder voll bewusst sind, nicht Angst haben, bewusst sind, dann beginnen wir wieder zu leben. Wenn wir uns wieder bewusst sind, dass wir unsere Geliebten im nächsten Augenblick verlieren können, dann wird die Liebe umso stärker. Wer aber Bewusstheit mit Angst verwechselt, der verfällt in einen Strudel davon, was alles noch getan und versichert und erwirtschaftet werden muss. Somit ist aber das Leben vorbei und die Liebe stirbt. Willst Du das? Du sagst Nein? Komisch ... hast Du Dein Leben denn schon einmal aus etwas Distanz betrachtet?

Für mich sieht es bedrohlich danach aus, als ob Du Dich genau in diese Bahnen hinein zu verlaufen drohst. Sicher, Du brauchst Geld, um zu leben, ein Dach über dem Kopf, um ein Zuhause zu haben, das verstehe ich. Aber das Geld, Dein Haus und was auch immer sollte für Dich da sein, eine Erleichterung sein und nicht eine Bürde. Es ist nicht so gedacht, dass Du für Dein Geld, Haus etc. leben musst, es sollte Dir bloß Dein Leben erleichtern. Stattdessen bezahlst Du Raten und Steuern bis über Dein Konto und Leben hinaus und die einstigen Wünsche, deren Erfüllung Dir solch Freude bereitet hat, wurden zur Qual. Das Einzige, was bleibt, ist: eine konstante, aber latente Unzufriedenheit.

Irgendwann hast Du beschlossen, ein guter Mensch sein zu wollen, ja, am liebsten wärst Du perfekt. Mit anderen Worten: Da Du nicht immer alles erreichen konntest, was Du wolltest, hast Du Dich entschlossen zu glauben, dass Du nicht gut genug bist. Der Wunsch nach Perfektion entspringt also der Idee, dass Du – so, wie Du bist – nicht gut genug seiest. Dann hast Du Dir vorgenommen, alles zu tun, um besser zu werden. Und hiermit hast Du Dich nun vollends vom Leben abgetrennt. Leben und Lieben wurden mehr und mehr zu einem netten Gedanken, aber fortan reichte es nicht zu mehr als bloßem Verliebt-Sein und dem einen oder anderen Urlaub am Meer oder in den Bergen. Meist dauert beides nur wenige Wochen und der Zauber ist vorbei. Das ist das Einzige, was vom Leben und von der Liebe für Dich übriggeblieben ist. Ziemlich bescheiden, nicht wahr?!

Ich bin oft in den Straßen unterwegs, in den Shoppingzentren und Städten dieser Welt und beobachte. Ich beobachte die Menschen wie aus einer anderen Welt heraus. Ich fühle die Menschen und dann sehe ich ihr Leben vor meinem geistigen Auge vorbeiziehen. Dann empfinde ich Mitgefühl.

Die Menschen jagen förmlich durchs Leben respektive durchs Überleben. Was sie einkaufen, ist morgen bereits wieder aufgegessen, leer getrunken oder abgewetzt. Wichtigstes Kriterium ist der Preis anstatt der Qualität. Ja, sie freuen sich so und fühlen sich wow!, wenn sie ein Schnäppchen gemacht haben. Lieblos betrachten sie die Auslagen, kein Lächeln zeigen sie ihren Mitmenschen und an jeder Warteschlange ärgern sie sich oder fühlen sich gebremst. Sie sind in Gedanken längst schon ganz woanders und das, was sie umgibt, nehmen sie nur noch ganz am Rande wahr. Nun stellt sich mir die Frage: Bin wirklich ich es, der in einer anderen Welt lebt, oder sind es die anderen?

Früher war ich überzeugt davon, dass ich es bin, der anders ist, doch heute weiß ich, ich bin eigentlich ganz normal. Ja, ich denke, es ist oder wäre normal, das Leben zu genießen, die Farben und Klänge der Dinge und Menschen wahrzunehmen. Ehrlich zu sein war mir als King ein völlig normales Wesentliches. Zumindest so lange, bis man mir beigebracht hat, dass es mehr Vorteile bringt, unehrlich zu sein. Kurzfristig habe auch ich es versucht ... Aber ich fühlte mich einfach nicht wohl. Ich spürte, dass ich mich nicht nur von mir, sondern auch vom Leben als solches immer weiter entfernte. Nach und nach verlor ich die Fähigkeit, auch Ungewöhnliches wahrzunehmen. In der Folge davon – meine Sehnsucht nach dem Leben ist ja geblieben – begann ich die Religionen zu studieren. Und dies führte mich gleich noch weiter weg von mir und vom Leben und die natürliche Liebe, die ich ursprünglich von Kindsbeinen an in mir trug, diversifizierte sich dahingehend, dass ich plötzlich nur noch die „guten" Menschen zu lieben vermochte. Immer mehr wurde meine natürliche Spiritualität in eine künstliche Religiosität hinein verkrüppelt. Dem ganzen Prozess folgten Jahre der Unzufriedenheit mit mir selbst und der Welt und im Zuge dieses Vorgangs wurde mir bewusst, dass Konfessionen und auch esoterische Ideen – wohin mich mein Weg logischerweise geführt hat – in keinster Art und Weise das Gelbe vom Ei sind. Es führte mich zu folgender Erkenntnis:

Alle Ideen, Religionen und Philosophien bezüglich des Lebens, der Menschen, der Schöpfung und letztlich des Schöpfers verfehlen eindeutig das Ziel.

Das Leben ist mit dem Verstand nicht zu ergründen. Selbst wenn Du ein Leben lang über das Leben nachgedacht hast, verstehst Du nicht das Geringste. Das Leben lässt sich nicht verstehen, es lässt sich nur leben. Durch Eintauchen in das Leben, in die Liebe, ja, durch Erleben beginnt man zu begreifen. Deshalb lautet mein bester Rat: LEBE!

Die allerwenigsten aller Weisheitslehrer haben wirklich gelebt, das ist bedenklich. Woher wollen sie denn wissen, wie es wirklich ist? Sie haben nicht gelebt, nicht geliebt, nicht gelitten und haben sich niemals kindlicher Freude hingegeben. Sie wissen nichts, sie plappern nur. Aber da sie nur plappern, müssen sie ihr Geplapper in wohl formulierte Worte kleiden und dies, das gebe ich gerne zu, hat über viele Jahre selbst mich beeindruckt. Aber ... ein kleines Kind ist einem solchen Gelehrten um Längen voraus! Dies ist nun aber kein Aufruf zum Kindischsein, sondern eher zum Kindlich-Sein. Ja, werdet wie die Kinder! Aber wie sind denn Kinder eigentlich? Sie sind authentisch ... sie sind echt ... sie sind einfach so, wie sie sind. Sie wollen nicht etwas Anderes oder jemand anderer sein, als sie sind. Und das, genau das, ist ihr großes Glück!

Nun, willst Du glücklich sein? Willst Du die süßesten Früchte der Liebe und des Lebens genießen können? Gut, kein Problem. Du kennst ja jetzt das Rezept. Aber ja ja, ich weiß schon ... In dem Moment, in dem Du Dich entscheiden möchtest, wieder authentisch zu leben, tauchen die vielen Ängste auf. Stimmt's? Plötzlich machst Du Dir Gedanken, die sich ein Kind niemals machen würde. Was sagen die anderen, meine Familie, Freunde, Arbeitskollegen und Bekannte dazu? Werden sie mich dann noch liebhaben, wenn ich plötzlich wirklich so bin, wie ich bin? Und nicht nur das, Du kennst auch die Antwort. Viele, wenn nicht sogar die meisten, werden es ganz und gar nicht dankbar aufnehmen. Denn die bittere Wahrheit ist: dass sie nie Dich geliebt haben, sondern bloß das, was Du getan hast und wie Du ihnen gedient hast. Das ist traurig und klingt radikal, ich weiß. Aber was kann ich dafür, dass Du ein Sklave, eine Sklavin geworden bist?

Da Du ja eh schon sehr frühzeitig die Annahme gemacht hast, nicht ok zu sein, hast Du Dein Wohlbefinden immer darauf gestützt, wie zufrieden Dein Umfeld mit Dir war. Das war ein Fehler. Es hat Dich nicht mehr ok gemacht, sondern eher mehr k.o.

Alle Menschen, die Du nach dem Alter von sieben oder acht Jahren kennengelernt hast, haben Dich nie kennengelernt. Du warst schon erzogen, leider. Du hattest schon so etwas wie Diplomatie erlernt und die Lügenhaftigkeit falscher Moral und Nettigkeit akzeptiert und übernommen. Du warst bereits tot. Dann, im Hormonsturm der Pubertät flackerte Dein Wesen noch einmal kurz auf, um danach vollends im Erwachsensein unterzugehen. Du hast Dich – wohl oder übel – der Macht der Gesellschaft gebeugt und Dein Leben zu einer einzigen Lüge verkommen lassen. Sollte es jedoch Dein Ziel sein, Deine Ziele zu erreichen, dann wäre es weise, dies nun zu ändern. Du kannst getrost jeden Verlust in Kauf nehmen, denn das, was Du zu gewinnen hast, übertrifft jeden nur erdenklichen Verlust bei Weitem. Du opferst Deine Unehrlichkeit und gewinnst das Leben zurück. Das ist ein guter Deal!

Selbst bei meinen Trainern beobachte ich, dass sie immer besser sein wollen, als sie es sind. Sie möchten es mir und ihren persönlichen Erwartungen und Vorstellungen recht machen. Aber das geht nicht. Und es geht auch gar nicht darum, es irgendjemandem recht zu machen. Du bist am rechtesten dann, wenn Du Du selbst bist. Alles das, was an Dir noch verbesserungswürdig ist, wird sich dann von ganz alleine entwickeln. Genauso, wie jedes Kind laufen lernt. Es sagt sich niemals: „Ich will laufen können." Was es aber zum Laufen bringt, ist die Sehnsucht nach Freiheit.

Möglicherweise beginnt diese mit der Sehnsucht nach einem Spielzeug, nach Schokolade oder irgendetwas anderem Begehrenswerten. Aber das Begehrte ist nicht wirklich das Ziel, sondern bloß die Motivation, um die Fähigkeit des Laufens ohne das Gefühl der Anstrengung zu erlernen. Somit wird Folgendes deutlich und auch besser verständlich: Der Weg ist das Ziel.

Nicht das, was Du begehrst, ist das wahre Ziel, sondern das, was Du erlernst auf Deinem Weg dorthin! Wenn dies verwechselt wird, dann entgeht einem letztlich alles, was wertvoll ist. Und dies wissen die Spezialisten, welche für die dauerhafte Werbeberieselung zuständig sind, ganz genau. Sie haben es geschafft, die Menschen vom Leben abzutrennen und ihnen vorzugaukeln, dass es um das Ziel ginge und wie leicht diese Ziele doch zu erreichen sind. Du brauchst nur genügend Geld. Alles, was Du willst, ist käuflich. Dies jedoch zwingt Dich dazu, zu arbeiten, viel zu arbeiten und immer mehr zu verdienen. Und wenn Dir das gelingt, dann wirst Du eines Tages alles besitzen, was für Dich erschwinglich ist, und trotzdem ... unglücklich sein.

Leben geschieht ununterbrochen, Liebe fließt in jedem Augenblick, doch der Mensch ist abwesend. Sein Wesen hat sich zurückgezogen und alles, was bleibt, ist der Körper mit seinem Verstand, der immer noch glaubt, die Essenz aller Dingen in einem Ferrari oder einer neuen Handtasche zu finden. Im Großen und Ganzen ein trauriges Schauspiel.

Für das Leben ist eine Philosophie oder ein Ding genauso ein schlechter Ersatz, wie es Sex für Liebe ist. Lebe! Liebe! Dann wird Dir alles, was dazugehört, dazugeschenkt.

Sicherheit ist Illusion

Höre auf nach Sicherheit zu suchen. Es gibt keine Sicherheit, weder in Beziehungen noch gesundheitlich und auch nicht finanziell. Sicherheit ist eine Idee. Eine Idee, welche zerfällt, sobald man sich bewusst wird, was der Mensch ist und in welcher Welt er lebt. Es kann jeden Augenblick zu Ende sein. Man lebt nicht, wenn man davon ausgeht, dass man auch morgen noch da ist. Man liebt nicht, wenn man davon ausgeht, dass die Geliebten Menschen auch morgen noch bei mir sind. Ja, selbst einfache Dinge wie essen und trinken genießt man nicht in vollkommener Weise, wenn man davon ausgeht, dass es selbstverständlich ist, dass man zu essen und zu trinken hat. Alles kann sich von einer Sekunde auf die andere ändern. Ich will jedoch nicht, dass Du Angst hast, sondern bloß, dass Du Dir dessen bewusst bist. Es steigert jeglichen Genuss und jede Lebendigkeit ins Unermessliche. Freude wird zur Glückseligkeit, Liebe wird zu einer Symphonie und der Alltag wird zum Sein, alle Tage.

Die einzige Sicherheit bietet dieser Augenblick. Die einzige Möglichkeit zu leben und zu lieben ist jetzt. Was Du Dir für morgen vornimmst, mag zwar schön sein, doch keiner weiß, ob es jemals sein wird. Es sind Träume. Du kannst von morgen träumen oder von gestern, aber wenn Du Deine Träume leben willst, dann geht dies nur in diesem Augenblick der unmittelbaren Gegenwart. Ja, die Menschen müssen wieder lernen gegenwärtig zu sein, nicht im Gestern oder Morgen zu leben, sondern im Hier und Jetzt. Zumindest dann, wenn sie vom Nektar des Lebens kosten wollen.

Wenn sie das tun, dann werden sie bald auch die Schönheit der Unsicherheit entdecken. Dann werden die Menschen auch die Schönheit ihrer bisherigen scheinbaren Unvollkommenheit erkennen. Sicherheit wird durch Gewissheit ersetzt und eröffnet eine neue Welt. Eine Welt der Vollkommenheit. Eine Welt voller Freude, Liebe und Lebenslust. Eine Welt, die ich am ehesten als „Paradies" bezeichnen kann. Diese Welt ist nicht weit entfernt, nicht unerreichbar und kein biblischer Ort. Sie ist hier und jetzt. Direkt vor Deiner Nase und doch so unerreichbar für die meisten. Weshalb? Weil die meisten nicht dazu bereit sind, die Illusion von Sicherheit aufzugeben. Doch wer aufhört, nach Sicherheit zu streben, beginnt zu leben. Es ermöglicht ihm die Hingabe. Die Hingabe an den Augenblick, an die Liebe und an das Leben so, wie es gerade jetzt ist. Die meisten Menschen suchen zu weit, viel zu weit. Sie sehen vor lauter Bäumen den Wald nicht und wandern durch ein Leben, welches der Wüste gleich leer, staubig und trocken ist. Aber da ist mehr, viel mehr. Öffne die Augen, erwache aus Deinem Schlaf und staune darüber, welch ungeahnte Schönheit aus allem emporsteigt. Höre die Musik des Lebens wieder erklingen und Du beginnst wieder im Orchester der Liebe Deinen Platz einzunehmen und Deinen Teil beizutragen. Den Teil, für den Du geboren wurdest. Kein Mensch ist dazu geboren worden, einer vermeintlichen Sicherheit hinterherzujagen. Kein Mensch ist dafür geboren, nur zu arbeiten, Geld zu verdienen und geliebte Menschen an sich zu binden. All dies entspringt nur der Sucht respektive Suche nach Sicherheit, welche aus der Existenzangst geboren wurde. Es ist also eine Form der Angst und es ist an der Zeit, alle Ängste abzulegen und jene Sicherheit zu erfahren, welche in der Erkenntnis verborgen liegt, dass das Universum immer für Dich arbeitet. Erst wenn Du Dir dessen sicher bist, entsteht Sicherheit. Wenn Du sicher bist, dass es vollkommen in Ordnung ist, genau so zu sein, wie Du bist, und mit Dir auch alles um Dich herum.

Das bedeutet nicht, dass Du nicht zu einer besseren, liebevolleren Welt beitragen kannst und einfach nichts mehr tust, nein. Aber Du wirst das, was Du tust, aus ganz anderen Beweggründen und mit einer ganz anderen Ausrichtung tun. Du kannst aus einer Margerite keine Rose machen, aber Du kannst beiden helfen zu blühen und in ihrer ganz eigenen Schönheit zu erstrahlen. Dafür wurdest Du geboren. Zu helfen die Schönheit und Anmut des Lebens zu erweitern und nicht dafür, weltlichen Gütern nachzurennen und Dein Leben in ständiger Angst zu verbringen. Du bist Liebe und Du lebst für die Liebe. Du gibst Dich dem Leben hin und wirst lebendig.

Dann, wenn Du erst einmal wieder lebendig bist, dann wirst auch Du in Deiner ganzen Schönheit erblühen und die gesamte Schöpfung mit Deinem Duft erfreuen und mit Deinen Talenten bereichern. Dann wirst Du Deine Aufgabe erfüllen, sei es als Geschäftsmann/-frau oder als Mensch schlechthin.

Zusammenfassung

Versuche nicht, es jemandem recht zu machen, nicht mal Dir selbst. Sei einfach. Sei das, was Du bist, und Du wirst zu dem, was Du sein könntest.

Vom Wollen zu glauben

Die Menschen glauben alle an irgendetwas. Das ist Fakt. Was sie sich jedoch nie überlegt haben, ist, was sie glauben möchten oder wollen. Nein, sie haben sich bloß immer gefragt, was sie glauben sollen, welches wohl der richtige Glaube wäre. Doch diese Art, an die Dinge heranzugehen, ist sehr gefährlich. Sie führt nämlich dazu, dass man immer jemanden, einen Lehrer, Meister, Guru, oder einer Lehre etc. folgt. Was dabei rauskommt, ist Folgendes: Alle landen früher oder später an einem fremden Ziel. Sie sind ja nie wirklich ihren eigenen Weg gegangen, niemals wirklich ihrem eigenen Herzen gefolgt ...

Nun, da ich, wie in allen Dingen, aus Erfahrung spreche, habe ich mich angestrengt, eine Philosophie zu entwickeln, welche einen gangbaren Weg beinhaltet, welcher die Menschen nicht an mein Ziel, sondern an ihr eigenes bringen wird. Meinem Wissen nach ist FREE SPIRIT das einzige Training, das einzige spirituell-psychologische Konzept, welches nicht verlangt, dass man dies oder jenes glauben muss oder zumindest sollte. Jeder kann, darf und soll glauben, was immer er möchte. Es geht darum, herauszufinden und zu erforschen, wie und was mein gegenwärtiger Glaube in mir und in meiner Welt bewirkt. Anhand der Auswirkungen lassen sich dann jederzeit jegliche Korrekturen einleiten. So lange, bis sich meine Welt nach meinen Wünschen umgestaltet hat, und so lange, bis ich glücklich bin. Dies klingt möglicherweise ein wenig egoistisch, ist es aber gar nicht. Im Gegenteil! Denn stell Dir mal vor, wie die Welt ausschauen würde, wenn alle Menschen glücklich wären? Zumindest eines wäre klar, Kriege würden nicht mehr stattfinden. Die Kriminalitätsrate würde auf null sinken und unsere gesamten gesellschaftlichen Strukturen würden sich verändern. Es bestünde kein Bedarf mehr an Militärs, Polizei, Gerichtshöfen, Gefängnissen und auch die weltbeherrschenden Konzerne würden in sich zusammenbrechen. Ja, vielleicht bemühen sich deshalb so viele Menschen darum, dass die Menschheit nicht glücklich wird?!

Wenn die Menschen also glauben wollen, dann erachte ich es als meine Pflicht, ihnen dies so zu ermöglichen, dass sie die freie, die wirklich freie Wahl in dieser Angelegenheit haben können. Um diese Herausforderung meistern zu können und ein solch stichhaltiges Konzept auf die Beine stellen zu können, musste ich die letzten 20 Jahre investieren. Warum so lange? Weil ich selbst zuerst frei werden musste, um etwas Freies und zu Freiheit Führendes greifbar machen zu können. Daher auch meine Aussage: Nur wer selbst frei ist, kann Freiheit auch gewähren. Es handelt sich bei FREE SPIRIT also letztlich weniger um ein neues Glaubenssystem als um ein Gewährungskonzept für nach Freiheit dürstende Menschen, welche bereit für den nächsten Schritt sind.

Manchmal frage ich mich: Warum ausgerechnet ich? Es ist ja nichts Besonderes an mir. Das stimmt, jeder könnte das, was ich tue und getan habe, tun. Nur sind die meisten Menschen eben dermaßen mit Arbeiten beschäftigt und dem Bewältigen des Alltags, dass ihnen hierfür keine Zeit mehr bleibt. Ich habe mir die Zeit genommen und jeder, der sich die Zeit ebenfalls nimmt, um intensive Bewusstseinsforschung zu betreiben, wird zum selben oder einem ähnlichen Resultat kommen: Uns geschieht tatsächlich nach unserem Glauben . Und: Zuerst war der Glaube und danach erst formierte sich so etwas wie die Gestalt davon, die Materie. Geist beherrscht Materie. Dies sollte jetzt jedoch nicht bloß als Theorie betrachtet, verstanden oder gar abgeschlossen sein. Ich spreche von ganz konkreten Erfahrungen. Und ich möchte die Menschen dazu inspirieren, dies selbst zu erforschen und diese Erfahrung selbst zu machen. Es bloß zu wissen, genügt nicht. Das ist wie mit den gängigen Glaubenssystemen. Was, wenn sich eines Tages plötzlich herausstellt, dass die Rechnung „wenn ich so bin, dann komme ich in den Himmel" nicht aufgeht? Tja, dann ist es zu spät, zumindest für dieses Leben. An welchem Glauben zum Beispiel darf man zweifeln, ohne dass es keinen Einfluss auf das Erreichen unseres Zieles für die Ewigkeit haben wird?

Kann es sein, dass es gar nicht drauf ankommt, was ich glaube? Kann jeder Glaube zu „Gott" führen? Oder wäre es ohne fixe Glaubensvorstellung nicht noch einfacher? Ja, das sind berechtigte Fragen und ich empfehle jedem, sich diese mal ernsthaft selbst zu stellen. Denn alle diese schrecklichen Rituale in allen Religionen: Waren sie nicht bloß dazu gedacht, alle aufrichtigen Glaubens- oder eben Bewusstseinsforscher und Gottessucher davon abzuhalten, am vorgefertigten Glaubenssystem zu zweifeln? Da müsste man sich vernünftigerweise fragen, wer sich davor denn so fürchtet? Dies lässt sich relativ leicht eruieren, wenn man sich fragt: Wer hat einen Vorteil davon? Glauben darf nicht zu Politik werden und darf niemals restriktiv sein, sonst tötet es den Geist der Sache. Auch Glaubensforschung muss neutral betrieben werden, um zu einem sinnvollen Ergebnis führen zu können. Und ein sinnvolles Ergebnis ist nicht unbedingt das, was mir dient, sondern dasjenige, welches die Wahrheit berührt. Je näher man der Wahrheit oder besser gesagt der Wirklichkeit kommt, desto friedlicher, verständnisvoller und großzügiger wird man. Deshalb sind alle wahrheitsnahen Glaubenssysteme friedlicher Natur, verständnisvoll und großzügig auch mit allen anderen Menschen jeglicher Rasse, Nation und Religion. Es besteht keinerlei Zwang, nicht ausscheren und eigene Wege gehen zu dürfen. Es bestehen keinerlei Drohungen eines zürnenden Gottes und keinerlei Begrenzungen in Bezug auf die persönliche Entfaltung jedes Einzelnen. Das sind die Merkmale, nach denen es sich Ausschau zu halten lohnt – dann, wenn Du Dich einer Lehre zuwenden möchtest.

Es ist nicht so, dass Du glauben musst. Und schon gar nicht das, was ich glaube. Nein, darum geht es nicht. Es geht darum, dass Du glauben willst, und darum, dass Du Deinen eigenen Glauben finden kannst. Das ist FREE SPIRIT.

Glauben kann auch gefährlich sein!

Ja, Glauben kann auch gefährlich sein, deshalb sollte man sich gut überlegen, was man glaubt. Was man glaubt, könnte nämlich ziemlich rasch zur Realität werden, und dann, je nachdem, hat man den Salat. Und wenn dieser Salat mal gesät wurde, gewachsen ist, geerntet und gerüstet sowie fein angerichtet wurde, dann will er auch gegessen werden, und zwar von Dir. Jeder muss seine eigens angerichtete Mahlzeit auch verzehren. Deshalb finde ich, ist es so wichtig, sich ganz klar bewusst zu sein, welches Süppchen oder eben Salätchen man sich im Leben kocht. Einfach bäh sagen und wegschmeißen funktioniert im richtigen Leben so nicht. Das geht vielleicht mit einem echten Menü, aber mit diesem Menü im übertragenen Sinne geht das nicht. Also, nur kochen zu können alleine reicht hier nicht. Im Leben kommt es darauf an, sich zu überlegen, ob man wirklich Lust auf dieses Menü hat oder nicht. Denn es kann weitreichende Folgen mit sich bringen. Wenn man etwas kocht, was man eigentlich gar nicht mag und es dann essen muss, kann es eben sehr leicht zu gewissen Magenverstimmungen kommen.

Manchmal beobachte ich, dass sich die Menschen ein wundervoll duftendes Knollenblätterpilzsüppchen zubereiten. Sie sind voller Freude und Enthusiasmus dabei und meist werden sie von ihren Mitmenschen dafür noch gelobt und bewundert. Wenn ich dann hinzukomme – und ich bin ja gelernter Koch – und sage: „Oh oh, das gibt aber eine gefährliche Suppe", dann schimpfen sie mich und sagen: „Riechst Du nicht, wie gut das duftet?" Hm ... ich rieche eben schon, wie es nach dem Verzehr duftet! Wie gesagt, meine Nase ist geschult, ich bin ja ausgebildeter Koch gewesen ... Aber was soll es, es riecht gut und damit basta. Aber eines ist schon mal klar, die Einladung zu diesem Menü werde ich mit Sicherheit ablehnen. Dankeschön und Mahlzeit. Ja, ich muss doch dann da sein, wenn die Bauchschmerzen anfangen ... Doch meist

ist es so, dass da nicht bloß leichte Bauchschmerzen sind, sondern auch eine gewisse Beeinträchtigung des vernünftigen Bewusstseins. Selbst die Hilfe wird in diesem Zustand meistens abgelehnt. Ist ja auch verständlich, ich habe die Einladung ja abgewiesen ... und nun ist das Ego gekränkt ... somit werden sie nun doch sterben ... aber sie gehen nicht aufgrund des Süppchens unter, sondern sterben an ihrem Ego. Das ist bitter, so bitter mindestens wie diese tödliche Knollenblätterpilzsuppe. Aber ... mmm ... sie duftet doch sooo fein!?

Aberglaube

Wenn man sagt: Ich glaube, dann meint dies heutzutage meist nicht viel mehr als: Ich vermute oder ich nehme an, dass dies oder jenes so oder so ist. Ursprünglich jedoch bedeutet zu glauben: mit seinem ganzen Herzen auf das zu vertrauen, was man für sich selbst entschieden hat, als richtig anzuerkennen. Einverstanden, das klingt ein wenig verwirrend. Ich will mich jetzt ja auch gar nicht über den Glauben äußern, sondern über Aberglauben.

Aberglauben ist, wenn einer glaubt, er könne Birnen säen und dann Äpfel ernten.

Überall, wo ein Aber ist, wo Zweifel sind, versteckt sich ein Aberglaube. Wenn ich sage: „Ich würde gerne für diese oder jene Zeitung schreiben, aber ...“, dann bin ich nicht sicher, ob das etwas bringt. Somit glaube ich nicht an diese Zeitung. Insofern ist es schon mal ein gutes Zeichen, wenn ich für „Die Andere Realität" DAR schreibe. (Grins)

Einige denken jetzt vielleicht: Der schreibt doch für jede Zeitung, Hauptsache, er kommt an die Öffentlichkeit. Die Leute glauben also nicht an meine Bescheidenheit oder daran, dass es mir um die Sache geht. Sie denken, es ginge mir nur um mein Ego. Sie glauben also nicht an mich oder nicht daran, dass ich meine Entscheidungen nicht vom Ego abhängig mache. Schaut man jedoch genauer hin, so bemerkt man immer, dass jeglicher Aberglaube ein Sich-selbst-nicht-Vertrauen ist. Die Menschen unterstellen anderen ja bloß Dinge, welche sie selbst, unter bestimmten Umständen, tun würden oder welche sie bereits tun oder getan haben.

Deshalb sage ich immer, dass jeder unbedingt an sich selbst glauben soll. Denn nur wer an sich selbst glaubt, kann auch anderen vertrauen. Bedingungslos, ohne Wenn und Aber. Und so ist es auch mit Gott. Glaube ist nicht immer Glaube. Viele glauben bloß deswegen an einen Gott, weil es da Dinge gibt, für die sie keine logische Erklärung finden können oder die sie nicht verstehen. Oder weil sie von sich selbst glauben, dass sie wertlos seien.

Wir alle kennen das Sprichwort: „Glauben heißt: nicht wissen." Ja, das finde ich sehr gut, denn irgendwann verwandelt sich der Glaube in Wissen. Das muss jetzt aber nicht bedeuten, dass dies nun DIE Wahrheit ist. Insofern ist jeder Glaube letztlich ein Aberglaube. Das klingt hart, ist aber nur logisch. Also, Aberglaube ist: Wenn man glaubt, Zweifel inbegriffen, dass man etwas ernten könne, was man nicht gesät hat. Mit anderen Worten, wenn man glaubt, dass man einfach so dahinleben kann und dann plötzlich Großes in meinem Leben oder auch danach geschehen soll. So, wie wir alle wissen, dass Krieg zu führen nicht das Richtige ist und dennoch nichts tun, damit die von uns gewählte politische Macht – es sind ja auch Menschen, die Politiker und Politikerinnen – keine Kriege führen kann. Im Gegenteil, wir finanzieren die Kriege mit, indem wir Steuern zahlen, Wertpapiere von einschlägigen Unternehmen besitzen oder sogar für sie arbeiten. Und das alles bloß deswegen, weil wir Angst ums eigene Überleben haben. Somit demonstrieren wir eigentlich, dass wir nicht an die Kraft des Friedens, sondern an die Sicherheit der Kriege glauben!

Gut aber zu wissen, dass wir auch daran zweifeln und diesen Aberglauben früher oder später so wie jeden Aberglauben ebenfalls ablegen werden. Und dann wird Friede einkehren auf Erden und die Menschen beginnen wieder zu erkennen, dass die einzig wahre Sicherheit im Frieden liegt. Dem Krieg zu vertrauen zeugt von einem menschenunwürdigen Bewusstsein mit einem IQ von deutlich unter 0.

Mein Problem ist, dass ich bisweilen den Glauben in die Menschheit verloren habe. Da ich ihn aber unbedingt zurückerobern möchte, schaue ich genau hin, wo die Wurzeln sind. Sie müssen ja bei mir sein, nur da kann ich auch etwas ändern. Ja, ich glaube immer noch zu wenig an das Gute in mir. Ich zweifle an mir selbst und glaube ab und an immer noch, dass ich so, wie ich bin, nicht wirklich gut genug bin. So, und jetzt gehe ich hin und integriere das. Dies ist mein Beitrag zu einem künftigen Weltfrieden und wie immer gründet dieser im Frieden mit mir selbst.

Daneben steigert dies meine Integrität, meine Selbstachtung und den Glauben in mich. Dies wiederum führt in der Folge dazu, dass ich wieder WEISS, wer ich bin. Nun, wer möchte das nicht wissen?

Halbwahrheiten sind schlimmer als Unwissenheit

Wer nichts weiß, der weiß auch nicht, dass er nichts weiß. Somit handelt der Unwissende immer in ehrlicher Absicht. Der Halbwissende jedoch glaubt, dass er ein Wissender ist, und er handelt so, dass er immer glaubt im Recht zu sein. Daher sind Wissende immer gefährlicher und aufdringlicher als Unwissende. Einzig der Weise kann als Wissender ohne Schaden anzurichten mit Wissen umgehen. Er handelt immer so, als wenn er ein Unwissender wäre, da er weiß, dass er niemals alles wissen kann. Somit ist er sich der Relativität seines Wissens immer voll bewusst.

Das Gefährlichste am Ganzen ist, dass, wenn jemand glaubt, DIE Wahrheit zu kennen, dieser sie auch immer verteidigen wird. Außerdem sind solche Menschen überheblich, besserwisserisch, arrogant, sarkastisch und aggressiv.

Gerade dann, wenn es um die Weitergabe und das Lehren von Wissen geht, ist die Verantwortung sehr groß. Denn Lügen verbreitet man am effizientesten dann, wenn man sie unauffällig zwischen Wahrheiten verpackt. Nehmen wir zum Beispiel die Schweinegrippe-Hysterie. Wenn ich sage, dass das Virus H1N1 heißt und erkläre, wie sich so ein Virus verbreitet, nämlich über Tröpfcheninfektion, und wenn ich dazu noch ein paar schön animierte Bilder einblende und wenn ich dazu noch sage, dass soundso viele Menschen infiziert sind mit Grippe (wobei man jedoch nicht weiß und auch nicht sagt, dass es H1N1 ist), noch dazu einen Pharmareferenten oder falsch informierten Arzt sowie ein paar kranke Menschen im Spitalbett zeige, dann kann ich schon darüber hinwegtäuschen, dass bei jeder normalen saisonalen Grippewelle – die wir jeweils bisher immer gut verkraftet haben – das 200-Fache (!) an Todesfällen die Regel sind und so tun, als wäre DIESE Grippe nun die allerschlimmste, obwohl sie eigentlich die mildeste Grippe aller Zeiten ist. Dann können wir jetzt, da die Bevölkerung nach monatelanger Angstmacherei und Pharmapropaganda in allen Medien so verunsichert sind, jedes Gift (genannt Impfung) nur allzu leicht an den Mann beziehungsweise die Frau und die Kinder bringen. Und wenn wir einen ganz großen Absatz an Ampullen generieren wollen, verkaufen wir es direkt an die Regierungen, welche es dann aus lauter „Gutherzigkeit" natürlich an die Menschen verschenken. Und wenn dann, aufgrund der ach so segensreichen Behandlung mit dem Einspritzen von Gift, die prophezeiten massenhaften Todesfälle endlich eintreten, so kann man mit Leichtigkeit und mit ernster Miene behaupten, dass nun doch alle Befürchtungen eingetroffen sind, die man so weise vorausgesagt hatte.

Ein anderes Beispiel, nicht minder aktuell, ist Folgendes:

Ich predige von Gott, von seiner Güte, von seiner Weisheit, vom Paradies und von himmlischen Schätzen, wie sie sich ein jeder wünscht ... und das ist wahr, das gibt es! Doch dann, dann schiebt man ein kleines Aber mit hinein, nämlich: Dass jeder, der nicht tut, was ich respektive ein fiktiver Gott will, in der Hölle oder in der ewigen Verdammnis landen würde. Dann braucht man nur noch ein gut aussehendes Buch zu lancieren, genannt Bibel oder in anderen Religionen andere, wo so viel Weisheit und Wahrheit mit vielen kleinen Lügen und Auslassungen gespickt werden, dass ein Gottesbild entsteht, welches genau meinen Wünschen angepasst ist. Fortan kann ich dieses Bild immer dazu verwenden, die Menschen in Angst und Schrecken zu versetzen, wenn sie nicht das tun, was ich will. Und wer wagt es schon, sich gegen „Gott" zu stellen?

Es kann immer fatale Auswirkungen haben, wenn man Wahrheit und Lüge mischt. Ich könnte alle Chakren erklären, alle richtig und dann behaupten, dass es darauf ankäme, das Unterste als Erstes zu entwickeln und schon hopsen alle auf ihrem Steißbein herum. Wenn es schiefgeht so lange, bis es sich wirklich öffnet und sich die gewaltige Kraft der Kundalini-Schlange in den Körper hineinergießt. Dann aber werden die meisten eine unschöne Überraschung erleben, denn wenn die anderen Chakren nicht zuvor schon hoch genug schwingen, verbrennt diese gewaltige Urenergie die zarte Membran – von der natürlich keiner spricht –, welche zwischen den einzelnen Chakren als energetischer Schutz liegt , und somit kann dieses Feuer der Kundalini ungehindert und untransformiert durch die darüber liegenden Energiezentren das Gehirn erreichen. Und was dann folgt, ist nicht Erleuchtung, sondern Wahnsinn. Aber zugegeben, davor hat sich alles ziemlich gut angehört und ziemlich viel versprochen. Tja, man verspricht Erleuchtung und erntet Verblendung, man verspricht den Himmel und landet in der Hölle und man verspricht Gesundheit und erleidet den Tod.

Halbwissen führt genauso in den Abgrund wie es Wissen tut, wenn es sich in schlechten respektive unreifen Händen befindet. Wissen ist eben nicht Weisheit! Ein weiser Mensch ist selbst als Unwissender weise, wohingegen ein wissender, und wenn er noch so viel weiß, dadurch niemals weiser wird.

Halbwahrheiten, halb wahr sein ist schlimmer als unwissend zu sein, oder etwa nicht? So weiß man doch wenigstens genau, woran man ist. Lieber einen echten Feind als einen falschen Freund!

Allerdings ist es in der Welt relativ selten, dass sich jemand ganz zeigt, sich ganz hingibt und sein Innerstes ganz offenbart. Daher wage ich es zu behaupten, dass es sehr schwer zu unterscheiden ist, wer wirklich ein Freund und wer ein Feind ist. Daher sind wir aufs Äußerste gefordert, unsere Unterscheidungsfähigkeit zu entwickeln. Daher ist es verhängnisvoll, wenn man zu bequem oder zu gutgläubig ist. Die Gutgläubigen werden getäuscht, die Faulen werden so manipuliert, dass sie die Meinung der anderen, welche sie so im Halbschlaf übernehmen, als die eigene vertreten. Um hier nochmals auf mein „fiktives" Beispiel der Schweinegrippe zurückzugreifen: In den Medien werden zwei bis drei Todesfälle mit den bösen Viren in Verbindung gebracht und schon glauben die meisten, dass man wirklich etwas dagegen unternehmen muss. Sie husten nur noch in den Ellbogen und haben endlich einen Grund, ihre Schwiegermutter nicht mehr küssen zu müssen. Allerdings haben sie nicht bemerkt, dass die Fälle, die man ihnen vorgespielt oder eher vorgespiegelt hat, möglicherweise schon krank gewesen, nicht infiziert oder gar erst nach der Impfung erkrankt sind.

Sie glauben also bald, dass sie unbedingt einen Schutz benötigen, und bald schon werden sie die Impfung nicht nur wollen, sondern sogar einfordern. Und damit handeln sie sich mit absoluter Sicherheit mehr Schwierigkeiten ein, als wenn sie Hunderte von Schwiegermüttern inklusive ihrer Töchter ungeschützt küssen würden. Ja, meine lieben emanzipierten Frauen, ich bin ein Mann und selbstverständlich könnte ich dieses Beispiel auch auf Schwiegerväter ummünzen. Aber eines sei hier gesagt: Wahrhaft emanzipierte Frauen hätten das sowieso gewusst und gleich von Anfang an verstanden, was ich meine, und sich nicht an so einer Kleinigkeit aufgehängt. Weshalb ich das sage? Hm ..., ganz einfach, weil ich denke, dass die wenigsten Frauen wissen, wie die Frauenbewegung überhaupt entstanden ist. Oder? Wollt Ihr es wissen? Echt? Na gut, vorweg das Lustigste: Die Frauenbewegung wurde von einem Mann, einem ganz besonderen Mann, ins Leben gerufen: vom alten Rotschild. Jawohl, die Rotschild-Foundation stand hinter dieser „Revolution". Wenn Ihr es nicht glauben wollt, im Internet auf Youtube könnt Ihr Euch davon überzeugen, wie er es selbst sagt. Aber das Beste kommt noch, wisst Ihr, weshalb er auf diese Idee gekommen ist? Was der eigentliche Grund dafür gewesen ist? Ja? Wirklich? Ok, es hat ihn und vermutlich noch ein paar andere gestört, dass sie nur von der Hälfte der Bevölkerung Steuern einfordern konnten. Ja, so hat man sich die „Befreiung" der Frau einfallen lassen und sie rebellierten, fingen an zu arbeiten und konnten endlich besteuert werden. Ein weiterer Grund war die Destabilisierung der Gesellschaft. Eine destabilisierte Gesellschaft, welche leicht zu steuern ist, erzeugt man am schnellsten durch die Destabilisierung der Familien. Und wie kommt man am schnellsten zur absoluten Macht über die Menschheit? Indem der Staat mehr und mehr die Rolle des Vaters oder der Mutter übernimmt. Immer noch früher zur Schule, die Kinder immer noch früher weg von zu Hause und ... das Verrückte daran ist, dass die Eltern, da nun beide Elternteile arbeiten, noch froh darüber sind! Endlich etwas mehr freie Zeit. Tja, und dann werden die Kinder so lange mit dem Weltbild indoktriniert, das man ihnen einimpfen möchte, damit sie später auch gut funktionieren, gute Arbeitssklaven werden. Solche, wie Du möglicherweise auch geworden bist. Schule – Arbeit – Urlaub – Arbeit – Schule – Arbeit – Krankheit – Rente ... ein Leben zwischen 9 und 5 Uhr, um überleben zu können. Was?! Du glaubst zu wissen, dass das eben sein muss? Dass das Leben so ist? Aha! Bist Du Dir da wirklich sicher? Hm ... hast Du Dich nicht auch schon gefragt, weshalb dies nie für jene gilt, die uns weismachen wollen, dass wir das tun müssen?! Schau mal genau hin! Viele arbeiten für ganz wenige und die Wenigen besitzen alles, was für die Vielen ausreichen würde. Tja, aber was sagen die Lehrer, die Politiker, die Priester und sogar Deine Eltern? Arbeit ist das halbe Leben. Immer schön fleißig sein, denn ohne Fleiß kein Preis. Sparen, sparen, sparen, genau wie es in der Bibel steht, die Armen sind die „Guten" oder wie es die Versicherungsagenten sagen: Spare in der Zeit, dann hast Du in der Not. Krankenkasse, Arbeitslosenversicherung, Pensionskasse und zu guter Letzt das Widersprüchlichste genannt: Lebensversicherung. Eine Versicherung, welche meist erst dann zur Geltung kommt, wenn man tot ist.

Dies alles kann nur deshalb funktionieren, weil die Menschheit schläft, blind oder blöd ist. Such Dir Deins selbst aus. Ich selbst war ein blinder, blöder Schläfer. Tja, Selbsterkenntnis ist eben meine Stärke. Es ist jetzt natürlich auch kein Problem mehr für mich, das zuzugeben, denn es ist die Wahrheit. Womit ich mich jetzt beschäftige, ist: bloß nicht wieder einzuschlafen.

Nicht zu wissen heißt übrigens nicht, dass man sich falsch verhält oder nicht erwacht sein kann. Denn Weisheit entsteht, wie schon gesagt, nicht durch Wissen, sondern durch Liebe. Und meist sind es die Unwissenden, welche zu großer Liebesfähigkeit im Stande sind. Wissen verpflichtet. Wissen bringt Verantwortung mit sich. Wenn Du ein Wissender bist, dann bist Du verpflichtet dazu, dass niemand merkt, wie wenig Du weißt. Dies wird Dich früher oder später zum Lügner machen und meistens geschieht das ziemlich schnell. Ein Unwissender kommt gar nicht auf die Idee, ein Bild von sich zu verteidigen. Er weiß zumeist nicht einmal, dass er eines aufrechterhalten muss. Es sei denn, er ist schon so tief gefallen, dass er sich ständig fragt, was wohl die Nachbarn über ihn denken.

Also, wenn ich sage, es ist gut, es kommt kein Auto und Du überquerst die Straße und wirst von einem Lastwagen überfahren, dann habe ich die Halbwahrheit gesagt. Nicht wirklich völlig falsch, aber auch nicht wirklich korrekt und Du ... tot. Hätte ich allerdings gesagt: Ich weiß es nicht, dann hättest Du wohl selbst geschaut und Du wärst nicht so leichtgläubig in den Tod spaziert.

Ich finde momentan keine anschaulicheren Beispiele, aber ich denke, dass Du weißt, was ich sagen will. Strebe zuerst nach Weisheit, nicht nach Wissen. Denn Wissen ohne Weisheit wird Dich versklaven. Die Frage ist jetzt bloß: Um das zu tun, muss man ja schon weise sein, bevor man weise werden kann, oder? Das scheint ziemlich widersprüchlich zu sein, ich weiß. Aber eigentlich ist es so: Du bist von Natur aus weise! Die Suche nach dem Wissen hat Dich verblendet und das gefundene Wissen hat Dich regelrecht hypnotisiert. Du hast bloß Halbwissen bekommen, nur so viel, dass Du zu einem braven, sich frei fühlenden Sklaven werden konntest. Die Menschheit ist mittlerweile in so einer tiefen Hypnose gelandet, dass sie sogar für ihre eigene Unfreiheit protestieren. Sie ziehen Sicherheit der Freiheit bei Weitem vor. Sie bevorzugen es lieber, Sklave und in Sicherheit, als frei und im sich ewig verändernden Strom des Lebens zu sein. Obwohl sie natürlich ganz genau wissen, dass es jeden Augenblick zu Ende sein könnte und dass sie absolut über keine Sicherheit verfügen. Und jedes Mal, wenn sie dies zu realisieren beginnen, werfen sie schnellstmöglich eine Schlaftablette ein. Ja, die Hypnose hat sie so weit gebracht, dass sie sich selbst, gleich bei den ersten Erwachungssymptomen, selbst hypnotisieren. Eigentlich genial, wer das erfunden hat. Das muss ein Wissender gewesen sein!

Ich persönlich lege meine Aufmerksamkeit also – verständlicherweise – auf jene Menschen, die lieben, und nicht auf jene, die wissen. Denn den Liebenden gehört die Zukunft! Wissende werden bloß so lange Wissen anhäufen, bis Folgendes geschieht: gescheit, gescheiter, gescheitert.

Nun gut, das ändert aber nichts an der Tatsache, dass wir, Du und ich, bereits zu den Wissenden gehören. Aber wir haben nicht alles Wissen, leider. Wir sind also Halbwahre. Das heißt, dass wir uns fragen müssen, welche Hälfte der Wahrheit oder des Wissens uns fehlt oder, besser gesagt, wir ablehnen. Wir lehnen es ab, dass wir freie Wesen, Götter im Menschenkleid, personifizierte Liebe sind. Wir wissen nicht mehr um unsere Macht, unsere Weisheit und unsere Liebe. Das alles haben wir der Angst geopfert. Diese Angst hat uns getötet. Aber wir können den Tod überwinden! Du kannst den Tod überwinden. Du kannst wiedergeboren werden, ohne den Körper ablegen zu müssen. Es ist wie das Erwachen aus einem tiefen Schlaf. Die Augenlider sind noch schwer, die Arme und Beine wie Blei und es erfordert jetzt großer Anstrengung und Willenskraft, aufzustehen. Eine gute Hilfe wäre für Dich jetzt, Folgendes zu tun: Glaube nichts, was Du siehst, hörst und bisher geglaubt hast. Verabschiede Dich von allem Vergangenen, lass es los. Sei wie ein neugeborenes Kind. Öffne Deine Augen und beginne die Welt noch einmal ganz neu zu erforschen und entdecke, wie sie wirklich ist. Entdecke, wer Du wirklich bist.

Weißt Du, die schlafende Masse der Menschen ist in ihrem Tiefschlaf nur noch zu einem einzigen Akt fähig: zu kritisieren. Zu kritisieren und mit dem Finger – das Einzige, was sie noch bewegen können – auf andere zu zeigen, ist das deutlichste Zeichen dafür, dass jemand schläft. Denn wer wach ist, weiß, dass niemals ein anderer dafür verantwortlich zu machen ist, was man erlebt. Opfersein ist die größte Lüge, die Du Dir einpflanzen ließest! Wach auf, es ist Zeit, höchste Zeit!

Der Tod des Heiligen und die Erlösung des Sünders

Sobald Du das Leben so erlebst, wie es wirklich ist, musst Du Dich sowohl vom Heiligen wie auch vom Sünder in Dir verabschieden. Sie existieren nicht mehr. Beide müssen dem Leben weichen, wenn Du in es eintauchst. Das wahre Leben befindet sich, wie ich immer wieder betone, jenseits des Verstandes. Es ist immer bloß der Verstand, welcher Unterschiede zu machen pflegt. Jenseits des Verstandes verschwinden alle Unterschiede, alle Bewertungen und Urteile.

Plötzlich steht die Schönheit eines blühenden Kirschbaumes nicht mehr über der Schönheit eines Müllhaufens. Der Gute nicht mehr über dem Bösen. Die Menschen bekämpfen das Böse deshalb so erfolglos, weil sie intuitiv wissen, dass, sobald dieses verschwindet, auch das Gute dahin wäre. Ja, solange es das Eine gibt, besteht auch dessen Gegenpol. Verschwindet das Eine, so löst sich auch das Andere auf. Immer verschwindet entweder beides oder nichts. Darum fürchten sich die Menschen vor dem wahren Leben, denn da sind keine Gegensätze mehr, an denen man sich orientieren oder gar festhalten könnte. Das macht Angst.

Diese allgegenwärtigen Unterschiede stellt der Verstand anhand von Bewertungen und Vergleichen her. In dem Moment, in dem Du dies unterlässt, taucht vor Dir das Leben auf, so, wie es wirklich ist. Alles gleich und doch unterschiedlicher als je zuvor. Nicht mehr unterschiedlich in den Bewertungen, da sind alle Dinge gleich, aber doch anders in Hinsicht auf die ganz persönliche Einzigartigkeit eines jeden.

Folgt man diesem Gedanken bis zum konsequenten Schluss, dann taucht jedoch noch eine weit größere Gefahr auf; so wie der Teufel darin sein Ende findet, wird es auch Gott finden. Beides entsprang den Vorstellungen des Verstandes mit all seinen unzähligen Ängsten. Der Begriff Gott wurde ursprünglich mangels besserer Worte für all das verwendet, was dem Menschen schön und unerklärlich war. Der Teufel war zuständig für all das andere, das Unschöne, welches meist ebenfalls unerklärlich war. Heute jedoch, in einer Zeit, in der vieles erklärbarer wurde, wird es sowohl für Gott als auch für seinen Gegenpart wesentlich schwieriger zu bestehen. Zumindest in der Version, welche sich bisher in uns festgesetzt hat. Wie oder wer will nun aber mit Sicherheit festlegen können, was göttlich und was teuflisch, was himmlisch und was höllisch, was schön und was hässlich ist? Gut, solange wir bloß die widersprüchlichsten Gegensätze für einen Vergleich heranziehen, scheint es zu funktionieren. Wenn wir für dieselbe Betrachtungsweise jedoch nur kleine Gegensätzlichkeiten wählen, so sieht die Geschichte schon wesentlich anders aus. Wir können zum

Beispiel eine wunderschöne Orchidee mit einem grauen Mäuschen vergleichen und es wird schon sehr bald klar, dass beide mit Leichtigkeit in die Kategorie schön oder göttlich hineinpassen könnten.

Die Annahme liegt jedoch nah, dass da einer, der Angst vor Mäusen hat, schnell zu einem anderen Schluss kommen könnte, oder? Tja, und unter all jenen, welche dieselbe Angst teilen, teilen sich die Menschen natürlich auch denselben Gott. Somit ist eine Religion/Konfession nichts weiter als ein Verbund geteilter menschlicher Ängste!

Gott bedeutet ursprünglich Leben. Und wenn man sich vor einem Teil des Lebens fürchtet, wohin soll man es dann platzieren? Genau, in die Hölle oder zumindest in eine andere Religion. Da sich die Religionen nicht alle Ängste gleich teilen, befinden sich natürlicherweise immer die anderen, die andere Religion, die Andersgläubigen auf dem falschen Weg ...

In dem Maße, wie sie ihre Heiligen hochhalten, halten sie auch ihren Gegenpol aufrecht. Tja, scheint echt ein endloses Spiel zu sein. Und das alles bloß deshalb, weil sie zu feige sind, sich ihren Ängsten wirklich zu stellen.

Hast Du schon mal Berichte über Erfahrungen aus der Hölle studiert? Von Menschen, die in bestimmten Situationen Einblick erhalten haben? Ist Dir nicht aufgefallen, dass diese immer aus dem christlichen Bereich des Glaubens stammten? Tja, ist das nicht komisch, dass jemand, der noch nie was von der Hölle gehört hat, sie auch noch nie erlebt hat? Was will uns das denn wohl sagen? Tja, gewisse Dinge nicht zu wissen kann offenbar genauso segensvoll sein wie das Wissen um bestimmte Dinge. Somit kann man also auch nicht mehr behaupten, dass Wissen gut und Unwissen schlecht ist. Im Gegenteil, manchmal kann Unwissenheit ein ganz schöner Segen sein. Vorausgesetzt, man weiß, was man nicht wissen sollte

Suchst und liebst Du Gott wahrhaftig, so verleiht Dir dies auch den Mut, über diese Grenze von Gut und Böse hinauszugehen und dem, was Gott wirklich ist, zu begegnen. Nur wer alles riskiert, kann alles gewinnen. Gottesfurcht hat noch keinen weitergebracht als bis vor die Tore der Hölle. Du kannst sie hinter Dir lassen, über sie hinauswachsen und ins Leben eintauchen, wie es wirklich ist. In die Welt und das Leben jenseits des Verstandes. In die Wirklichkeit eben ...

Danach wirst Du alles Vorangegangene als Projektion Deines Verstandes erkennen und es wird Dir klar, wie absurd Deine Art zu leben zuvor gewesen ist. Du lebtest inmitten einer Projektion, immer einen Schleier von Tausenden von Filtern, welche Dir die klare Sicht auf die Wirklichkeit verunmöglicht haben, vor Augen. Du erwachst in eine Welt, welche vollkommen anders ist. Sie ist dermaßen vollkommen, dass es Dir nicht mehr gelingen wird, wirkliche Urteile und Bewertungen zu fällen. Du bist befreit in einer Welt, die freier nicht sein könnte. Der große Schock ist jedoch vielmehr der, dass Du auch erkennst, dass sie schon immer da gewesen ist. Es ist ein Wunder, wie alle Menschen in einer solch vollkommenen Welt leben können, ohne sie zu bemerken. Das Einzige, was sie sehen, ist: eine verstandesmäßig angepasste und verzerrte Karikatur einer Welt, wie sie besser nicht sein könnte. Und sie gehen konsequent an der Essenz vorbei. Dies bewirkt den Anschein, dass sie keinen Einfluss auf das Leben haben. Sie fühlen sich hilf- und machtlos den Gezeiten des Lebens anheimgestellt oder gar ausgeliefert. Dann erfinden sie Ideen wie Schicksal, Karma und Zufall oder die göttliche Vorsehung oder ebenso wirre Vorstellungen wie Himmel und Hölle. Das Ganze besitzt jedoch nur einen einzigen Vorteil: Der Verstand ist glücklich damit. Dass dabei die Herzen zugrunde gehen, ist diesem völlig egal. Hauptsache, er lebt und hat das Gefühl, in einer sicheren Welt zu sein. Denn jenseits seiner eigenen Welt wäre er verloren, das wäre die Hölle für ihn! Frei zu sein wäre eine unermessliche Qual für den Verstand, denn er kennt sich gut aus im Gefängnis, aber in einem grenzenlosen Universum kann er sich nicht zurechtfinden. Da weiß er nicht, woran er sich festhalten kann ... aber er muss sich festhalten ... er kann ja nur das, festhalten ... aber das Leben ist ein Fluss, der nicht zu bremsen ist. Entweder Du findest den Halt im Fließen oder Du gehst unter! Jeder unglückliche Mensch ist bereits untergegangen.

Ich bin also ein Taucher. Ich tauche jedoch nicht mehr nach Wahrheit. Ich tauche nach den wahren Schätzen; nach all den im Verstande ertrunkenen Brüdern und Schwestern, welche meinem Herzen so viel bedeuten. Doch als ich die ersten Male getaucht bin, erschrak ich dermaßen ob der Millionen von Menschen, welche sich am Grunde des Stausees ihres Verstandes festklammern, dass mir rasch klar wurde, dass ich dies alleine nicht schaffen werde. Deshalb begann ich, eine Truppe an spirituellen Tiefseetauchern auszubilden und sie zu bitten, mir zu helfen. Ja, es musste eine unerschrockene Truppe sein, welche sich nicht davor fürchtet, dass sich Todgeweihte oft mit Händen und Füßen wehren, wenn man ihnen mit einer hilfreichen Alternative daherkommt. Sie benötigen hierfür einen langen Atem, sie müssen also ausdauernd sein. Sie dürfen sich nicht von der Dunkelheit in der Tiefe schrecken und vor allem müssen sie die Bereitschaft aufweisen, für den Nächsten zu ertrinken. Und eine solche Bereitschaft erfordert die größtmögliche Liebe zu allen! Deshalb macht es Sinn, die bedingungslose Liebe zu erlernen, ansonsten fehlt die Motivation, sich solcher Strapazen auszusetzen. Ich schätze meine Gefährten deshalb weitaus mehr, als sie es sich vorstellen können. Denn ich kann sehen, welchen Dienst sie zu leisten im Begriffe sind. Nur ein echter Freigeist kann sich dermaßen in den Dienst des Nächsten stellen! Ein Free Spirit, welcher erkannt hat, dass er alles besitzt, dessen er bedarf, und seine eigenen Bedürfnisse dermaßen gestillt hat, dass seine völlige Aufmerksamkeit für die anderen frei geworden ist. Alles ist dem Jetzt gewichen, das, was er zuvor gewesen ist, und auch das, was er werden wollte. Alles ist weg. Der alte Mensch ist gestorben, keine Heiligen, keine Teufel, keinen Gott, keine Hölle, nur noch das reine Sein im Zentrum der Mitte, jenseits aller Fragen und aller Antworten. Wie ein Schmetterling, welcher nicht mehr weiß, dass er einst eine Raupe gewesen ist. Er hat jedoch nicht vergessen, woher er kommt und wohin er geht. Doch im Innersten seines Wesens ist er dort schon angekommen. Das heißt soviel wie, dass er erkennen konnte, dass er diesen Ort niemals wirklich verlassen hat, außer in seiner Vorstellung. Die Illusion ist zu Ende. Er ist aufgewacht. Und wer erwacht ist, der hat keine Alternative. Er hat keine Wahl. Er will immer für die anderen da sein und dem großen Ganzen dienen. Die kleinen „Mensch ärgere Dich nicht-Spiele" üben keinerlei Reize mehr auf ihn aus. Das Einzige, was einen echten Free Spirit reizt, ist, seine Essenz mit Dir zu teilen. Und in dieser Essenz wirst Du mehr von Gott finden, als Du es Dir jemals vorzustellen wagtest und es auch jemals vermutet hättest!

Wenn Du Gott in Person suchst, dann wirst Du mit ziemlicher Sicherheit vergebens suchen. Doch wenn es auch keinen Gott in personifizierter Form gibt, so heißt dies nicht, dass keine Göttlichkeit existiert. So gesehen glaube ich nicht mehr an einen persönlichen, menschlichen Gott, der niemals mehr als eine menschliche Projektion sein kann, und dennoch bin ich nicht gottlos. Gott ist einfach gewachsen und zum Göttlichen in allem geworden.

Letztlich geht es also nicht mehr um die Frage: Gott ja oder nein, sondern darum, die Göttlichkeit in allem zu erkennen. Der Gott der Menschen, Religionen und Konfessionen überall auf der Welt ist nicht existent. Er ist eine Erfindung, welche einzig und allein der Unterdrückung der Menschheit diente. Aber ich glaube, dass seine Zeit bald abgelaufen ist, ja, Gott liegt im Sterben und die Göttlichkeit erwacht. Damit stelle ich mich nicht gegen Gott, sondern zu ihm. Aber es ist wichtig, dass wir aufhören ihn dermaßen zu begrenzen, so dass wir aus ihm nichts weiter als einen Übermenschen machen. Gott reicht weit über das menschliche Vorstellungsvermögen hinaus. Irgendwann wurde für den kleinen Bruno die Ameise und die Mücke gleichwertig wie ein Mensch, der Kieselstein gleichwertig mit dem Diamanten und jedes Blatt an den Bäumen im Park gleichbedeutend mit dem wundervoll funkelnden Sternenhimmel. Alle Unterschiede verschwanden in der einen Göttlichkeit. Das

Paradies verschmolz mit dem Diesseits und das Eins-Sein aller Dinge begann in meinem Bewusstsein zu erwachen. Klein-Bruno ist erwachsen geworden und tauschte seine kindliche Vorstellung von Gott in eine viel größere ein. Heute ist er so weit, bin ich so weit, jede meiner Vorstellungen gegen eine größere einzutauschen. So lasse ich also immer wieder alle Heiligen sterben, sie sind ja eh schon längst alle tot, oder? Wenn DER Heilige stirbt, kann DAS Heilige erwachen, wenn Gott stirbt, kann das Göttliche erblühen. Beides zusammen geht leider nicht. Man muss sich entscheiden, entweder Einer oder Alle. Ich bin für Alle. Dann kann das Heilige auch von mir und Dir Besitz ergreifen, aber wir müssen es zulassen. Zuallererst in unserer Vorstellung. Denn was sie nicht zulässt, das kann nicht erblühen.

Moral

Es ist gut, wenn die Menschen moralisch sind, aber noch besser wäre es, wenn sie authentisch wären. Ja, die Menschen, die meisten jedenfalls, haben eine Moral. Doch woher kommt sie? Sie kommt von außen. Je nach Religionszugehörigkeit, gesellschaftlichen Normen, Erziehung, Kulturkreis oder Gesetzeslage wird dem Menschen eine bestimmte Moral indoktriniert. Doch aufgezwungene, von außen kommende Moral ist keine echte Moral. Es ist scheinheilig. Sie dient bloß dazu, dass sich die Menschen Vorteile dadurch erhoffen. Wenn ich moralisch bin, dann bin ich ein guter Mensch, und dann, dann komme ich in den Himmel und Gott liebt mich. So denken sie zumindest. Dies führt jedoch weder zu Mitgefühl noch zu Nächstenliebe und schon gar nicht zur Achtung des Lebens. Im Gegenteil! Es führt dazu, dass sich alle gegenseitig etwas vormachen, sich belügen und in einen Wettstreit um die Auszeichnung „Bester Mensch" verfallen. Solche Scheinmoral führt bestenfalls dazu, dass man ein stilles, unauffälliges und gehorsames Leben lebt. Im schlimmsten Falle jedoch führt es zu einem Moralistentum, in dem jeder jeden überwacht, kontrolliert, kritisiert, bewertet und am laufenden Band verurteilt. Es ist Krieg. Wer kennt sie nicht, diese Moralapostel, welche es immer fertigbringen, dass Du Dich wegen irgendetwas schlecht fühlst. Gott sollte zwar einerseits die wundervollsten Dinge und Menschen erschaffen haben, doch die Moralisten, können damit wohl offensichtlich nicht umgehen. Je moralischer sich ein Mensch im Außen gibt, desto unmoralischer ist sein Inneres. Wie sonst kommt man denn auf die Idee, wo andere schlecht sein könnten? Aber sie gehen lieber den anderen auf die Nerven als sich selbst auf den Grund. Interessanterweise sind die meisten Moralisten männlichen Geschlechts. Und sie verteufeln alles, was stärker ist als sie selbst. So zum Beispiel die Frau. So ein wundervolles Geschöpf, oder? Und diese herrliche Blume menschlicher Geschöpfe degradieren sie dann kurzerhand zum Tor zur Hölle. Und das bloß, weil diese Männer nicht mit ihrer Sexualität klarkommen. Sie verbannen den Sex in die Sphären des Bösen und dabei denken gerade sie an nichts Anderes. Ihnen sind die Hoden dermaßen in den Kopf gestiegen, dass sie die Frau nur noch durch den Röhrenblick ihres Penis betrachten. Sexmoralisten sind gefährlich! Ihre eigene, übrigens komischerweise von Gott geschenkte Sexualität ist dermaßen unterdrückt, dass sie nichts weiter als potenzielle Sexualverbrecher sind. Hier kann man sagen: Gott sei Dank haben sie eine so stark indoktrinierte Moral, dass dies alles nicht aus ihnen herausbricht, sonst (...)?!

Moral ist meist nur ein anderes Wort für Widerstand. Moralisten bekämpfen das Leben, die Schöpfung und somit letztlich Gott. Natürlich würden sie das rigoros verneinen, aber mehr als verneinen können sie ja nicht. Sie sagen zu allem Nein. Zumindest zu allem, was irgendwie mit Genuss verbunden ist. Essen machen sie zur Völlerei, Trinken zur Trunksucht, Intimität zu Wollust, Entspannung zu Müßiggang, Vergnügen zu Zügellosigkeit und jeglichen sonstigen Genuss zur Lasterhaftigkeit. Tja, sie leben offenbar schon heute in der Hölle, kein Wunder befürchten sie eine solche im Jenseits. Auch kein Wunder ist, dass sie drüben tatsächlich in der Hölle schmoren werden, erschaffen sie sich die doch ein Leben lang schon hier. Die Hölle wie auch das Paradies entsteht in unserem Bewusstsein und was wir im Diesseits erleben, werden wir auch im Jenseits erfahren. Also dann, viel Vergnügen.

Die Moral von der Moral ist, dass je weniger, desto mehr ist. Nicht die erzwungene Scheinmoral des Verstandes ist Moral, sondern jene eines liebevollen Herzens, welches voller Wertschätzung auf die Wunder des Lebens, inklusive allem möglichen Sündhaften, eingeht. Moral ist furchtlos, Scheinmoral fürchtet sich selbst vor dem zarten Wesen einer Frau. Das Schlimmste jedoch für solche Moralisten sind Kinder! Mein Gott, wie können Kinder solche Moralapostel aus ihrem Gleichgewicht bringen? Kinder sind nicht moralisch, sie sind echt. Kinder sind einfach lebendig, neugierig, verspielt und entdeckungsfreudig.

Also, so ziemlich genau das Gegenteil eines Moralisten. Moralisten halten sich an fiktive Gesetze und Glaubensregeln, Kinder halten sich jedoch stets an die Unmittelbarkeit des Lebens. Kinder sind lernfähig, sie lernen von innen heraus. Moralisten lernen gar nichts. Sie sind die pure Verweigerung des Lebens und somit ganz einfach tot. Gut, Kinder begehen hin und wieder den einen oder anderen Fehler. Moralisten hingegen sind ein Fehler. Sie verfehlen ihr gesamtes Leben, indem sie auf das Leben nach dem Tod hoffen. Sie sind bereit dafür, das Leben dem Tod zu opfern. Kein Wunder also werden sie griesgrämig, krank und verbittert. Sie erfreuen sich ja an nichts, alles birgt für sie eine Gefahr ihrer Scheinheiligkeit, welche so weit jenseits allen guten Geistes ist wie ein Wurm vom Flügelschlag eines Falken. Und da sie niemals fliegen lernten, werden sie stets behaupten, dass der Mensch zum Kriechen im Schlamm bestimmt sei. Die ganze Welt stellt für sie ein reiner Sündenpfuhl dar. Na ja, und wer möchte schon in einer solchen Welt leben? Dann gehe ich jedenfalls lieber das Risiko ein, auf ewig verdammt zu sein, aber eine solche Chance wie ein Leben auf diesem wunderbaren Planeten lasse ich mir nicht entgehen. Wer weiß denn, ob ich wieder einmal eine solche Möglichkeit geboten bekomme ...? Einen einzigen Tag wirklich gelebt zu haben, wiegt eine Ewigkeit im vermeintlichen Moralisten-Paradies mit Leichtigkeit auf!

Ich würde Moralismus eher als Krankheit bezeichnen, als geistigen Rheumatismus sozusagen. Moralisten werden die größten Fanatiker. Und es sind immer Fanatiker, welche die grausamsten Verbrechen, welche die Welt je gesehen hat, verübten. Die einzige Möglichkeit, ihnen eine Lektion zu erteilen, wäre, sie in einer Welt leben zu lassen, wo alle

Menschen genauso moralisch sind wie sie. Dann wüssten sie sofort, wo sich die wahre Hölle versteckt.

Moralisten glauben, sie könnten die Welt verändern, aber das können sie nicht. Deshalb dachten sie, es genüge, wenn sie diese vergiften. Und das ist es, was sie getan haben. Sie könnten weder die Sexualität noch den Spaß generell abschaffen, aber vergiftet haben sie alles. Sie haben die Freude in allem zerstört, jeglicher Genuss macht sie krank. Das Schlimme dabei ist jedoch, dass es bis zu einem gewissen Grad auch auf uns übergesprungen ist. Wie stark dies der Fall ist, kann man bei sich daran erkennen, wie groß und hartnäckig unsere Schuldgefühle sind bei dem, was wir tun. Wie willst Du Deine Mahlzeit genießen, das Liebemachen mit Deinem Partner, Deiner Partnerin, das gemütliche Trinken eines Glases Wein, das festliche Qualmen von Tabak oder das Singen, Tanzen und Feiern, wenn Du dabei immer irgendwo in Deinem Bewusstsein zu wissen glaubst, dass es möglicherweise nicht rechtens ist? Die Moralisten und Priester haben es geschafft, uns zweizuteilen. Unsere inneren Bedürfnisse laufen entgegen der Verstandesmoral und alles, was wir tun, ist mit einer gewissen Sündhaftigkeit verbunden. Alles hinterlässt irgendwie einen bitteren Nachgeschmack. Doch ursprünglich gab es keine Moral, es gab nur das Leben. Die Schöpfung hat an alles gedacht von Anfang an, aber so etwas wie Sünde hat sie nicht vorgesehen. Das ist eine Erfindung kranker Geister. Eine Lüge, welche sich unter dem Deckmantel der Moral als Wahrheit ausgibt und schon so uralt ist, dass sie von der gesamten Menschheit als solche angenommen wurde. Doch nun ist die Zeit gekommen, in der die Wahrheit sich wieder durchzusetzen beginnt! Das Unwahre beginnt sich zu entlarven und alles Scheinheilige offenbart nun mehr und mehr sein hässliches Gesicht. Das Antlitz der Wahrheit beginnt wieder zu erstrahlen und entfaltet sich immer schneller und immer deutlicher. Wer Augen hat, der sieht es bereits. Das Licht der Wahrheit und des wahren Lebens steigt am Horizont, wie die aufgehende Sonne, auf und erhellt das menschliche, verfinsterte Bewusstsein mehr und mehr. Das goldene Zeitalter ist nun nicht mehr aufzuhalten. Du kannst jetzt schon Teil davon sein. Lege einfach all Deine Moral zur Seite, ohne Furcht vor dem, was möglicherweise zum Vorschein kommen könnte. Du wirst überrascht sein, dass da keine Zügellosigkeit, kein Chaos in Dir aufsteigt, sondern wahre Liebe, echtes Mitgefühl und eine wundervolle Lebensfreude! In solch einem Gefühl entsteht echte Moral. Da gibt es nichts mehr zu unterdrücken, da ist kein ungestilltes Bedürfnis und sind keine Widerstände mehr vorhanden und somit ist auch kein Fehlverhalten mehr möglich. Es ist das absolute Ende der Sünde. Denn Sünde ist nur das, wenn man nicht seinem Herzen folgt, wenn überhaupt. Das Ganze hat noch einen anderen, wundervollen Nebeneffekt: Karma kann nicht mehr entstehen, weder gutes noch schlechtes, denn alles, was da ist, wird augenblicklich gelebt und somit gleich wieder aufgelöst. Es ist das Leben im Augenblick. Unmoralisch ist es, für meine Vorstellung, das Leben ständig auf morgen zu verschieben. Leben ist immer jetzt, oder nie.

Die Matrix der Wertschätzung

Anstelle von „Matrix“ könnte ich auch Bewusstsein sagen. Wir bewegen uns auf eine Gesellschaftsform zu. Eine, welche von Mitgefühl und Wertschätzung getragen sein wird. Dies bedingt selbstverständlich, dass sich die Menschheit nun entwickeln muss. Dieses ständige Misstrauen und die Kämpfe des Egos werden ein Ende finden müssen. Langsam sollte bewusst werden, dass wir alle im selben Boot sitzen, und egal wie weit jemand von uns entfernt ist und egal wie weit weg die Orte sind, welche wir vergiften, es findet dennoch alles auf unserem Lebensschiff statt. Alles wirkt sich auch auf uns aus. Das Leben ist wie unser Körper. So wie sich alles, was in irgendeinem Organ oder in irgendeiner Zelle unseres Körpers geschieht, eine Auswirkung auf den gesamten Körper hat, genauso hat alles, was wir tun, eine Wirkung auf das gesamte Universum. Wir können dem allen nicht entkommen. Wir leben alle im selben Universum und wir sollten alles, was wir darin tun, mit äußerster Bewusstheit tun. Denn es wird sich alles in uns niederschlagen. Das Universum ist der Raum, welcher das reflektiert, was wir sind und tun.

Daher appelliere ich hiermit an die Vernunft der Menschheit und bemühe mich, gewisse Details und Zusammenhänge des Lebens so zu verdeutlichen, dass klar wird, dass es tatsächlich in unseren Händen liegt, wie unsere Zukunft aussehen wird. Und es ist nicht zu vergessen, dass unsere Zukunft auch eine gemeinsame Komponente aufweist. Je mehr Menschen glücklich und erfolgreich sind, desto größer wird auch das Glück des Einzelnen sein.

Wertschätzung ist die Basis für ein friedliches Miteinander. Aber viele Menschen vermischen Wertschätzung mit Mitleid oder Mitgefühl, daher möchte ich auch auf dieses Thema ein wenig genauer eingehen.

Mitleid – Mitgefühl – Wertschätzung

Die meisten Menschen wissen nicht, dass es gravierende Unterschiede zwischen Mitleid, Mitgefühl und Wertschätzung gibt. Daher möchte ich das hier ein wenig genauer darlegen. Denn es sind wichtige Details, die jeder kennen sollte.

Mitleid

Mitleid ist, wenn man leidet, weil der andere ein Problem hat. Mitleid ist eine Reaktion und daher eine Emotion.

Mitgefühl

Mitgefühl ist, wenn man genau das fühlt, was der andere fühlt. Und zwar ohne, dass es einem leidtut, dass der andere leidet. Mitgefühl ist eine Reaktion und daher eine Emotion.

Wertschätzung

Wertschätzung ist ein Gefühl. Es ist keine Reaktion auf etwas, da es immer besteht. Wertschätzung ist nicht etwas, was kommt und geht, sondern konstant. Daher ist es keine Emotion, sondern eins der reinsten Gefühle – wenn nicht gar das einzige –, zu welchem der Mensch fähig ist.

Mitleid und Mitgefühl sind also bloß die zwei Seiten am Ende der selben Skala. Das Ziel liegt allerdings – so wie fast immer – auch hier in der Mitte. Wertschätzung liegt genau in der Mitte dieser Opposition. Mitgefühl ist frei. Frei davon, um wen oder was es sich handelt. Sie schaltet nicht ein und auch nicht aus. Wertschätzung ist, so oder so – oder es ist keine. Da Wertschätzung weiß, dass das Universum stets wohl gesonnen ist, besteht kein Anlass dazu, zu leiden oder zu be-mit-leid-en. Mit-Leid ist ein leidvoller Weg, welcher darin begründet liegt, dass man nicht sicher ist, ob alles zu etwas Gutem wirkt. Es basiert banal gesagt auf Misstrauen.

Mit-Gefühl basiert nicht direkt auf Misstrauen, sondern darauf, dass man an der Stärke des anderen zweifelt, die gegenwärtige Herausforderung meistern zu können. Nun, ob Misstrauen oder Zweifel „besser" ist, das zu entscheiden überlasse ich Dir. In der Welt da draußen denkt jeder, dass Mitgefühl besser sei als Mitleid. Auch viele – wenn nicht gar alle von Euch – denken das, stimmt's? Ja, es stimmt. Daher erkläre ich es Dir ja gerade. Aber wenn man tiefer geht und weiß, wovon man spricht, dann stellt sich die Frage ein wenig anders: Misstrauen oder Zweifel? Schon sieht man, dass die Menschen dazu neigen, die Weiterentwicklung vom Misstrauen im Zweifel sehen. Daher ist es schick, zu zweifeln. Es ist für viele sogar ein Zeichen für Intelligenz. Aber Intelligenz wäre, zu vertrauen. Wertschätzung als solche hinterfragt nicht. Warum nicht?

Weil es keine Partei ergriffen hat, weder im Innern noch im Außen. Es denkt nicht, dass das eine besser oder schlechter wäre als das andere. Daher leidet es nicht. Es fühlt mit, dass da ein Mensch einer großen Herausforderung gegenübersteht und sie gerade am Lösen ist.

Mitleid kann nicht helfen und Mitgefühl hilft ebenfalls nicht. Zumindest nicht so sehr, wie es die Wertschätzung könnte. Ja, ich weiß, manchmal ist Mitleid schon Balsam und Mitgefühl wundervoll und beruhigend. Aber wahre, echte, tiefe Wertschätzung hilft aktiv zur Integration und somit zur Lösung durch die eigenen, bereits vorhandenen Fähigkeiten, durch die eigene Kraft desjenigen, der dieser Aufgabe gegenübersteht. Manchmal durch reine Präsenz. Aktiv heißt hier nicht, dass Du unbedingt etwas tun oder sagen musst!

Das Hindernis

Das Hindernis besteht darin, dass Du selbst noch nicht den Wert dessen erkannt hast, was geschieht. Du selbst magst nicht leiden. Du selbst magst keine Herausforderungen. Du bist kein Abenteurer mehr. Dies ist auch der Grund dafür, dass Du bisher gewisse Themen einfach nicht auflösen konntest. Du bist keine Lösung, sondern das Problem. Ich nenne das auch Widerstand. Widerstand ist das Hindernis und solange Du Widerstand hast, bist Du Widerstand. Wenn Du nun Widerstand gegen Widerstand hast, dann bist Du nicht bloß Widerstand, sondern blockiert. Wenn man blockiert ist, dann kann man nicht integrieren, nicht erkennen und nicht annehmen.

Gerade jetzt, wenn Du das liest, es muss „Ja" in Dir sagen! Auch dazu, dass dieser Widerstand noch irgendwo in Deinem Innern vorhanden ist. Wenn es schon Nein zu meinen Worten sagt, dann ist möglicherweise Widerstand gegen Widerstand vorhanden. Der Mensch ist letztlich entweder Inbegriff von Widerstand oder von Liebe. Entweder Ausdruck des vollkommenen Glücks oder nicht. Widerstand äußert sich dadurch, dass es schwierig ist, gewisse Thematiken zu integrieren. Liebe eine jede Thematik und sie ist schon zur Hälfte erlöst!

Die Selbstwertschätzung

Selbst-wert-schätzung basiert auf der Schätzung Deines eigenen Wertes. Allerdings nicht aufgrund dessen, was Du getan hast, sondern was Du bist. Wir sind es leider gewohnt, den Wert von was auch immer stets auf etwas Besonderes oder eine Leistung zu beziehen. Das hieraus entstehende Gefühl ist jedoch keine Wertschätzung in unserem Sinne, sondern eher Anerkennung, Respekt und/ oder Bewunderung. Bewunderung wäre an und für sich eine tolle Sache, zumindest in seiner ursprünglichen Bedeutung: Dem Wunder dessen bewusst zu sein, was ist, und nicht dessen, was gemacht wurde von dem, der ist. Alle reinen Gefühle handeln vom Sein und nicht vom Haben.

Je mehr Du Dich selbst nicht durch Deine Unterschiedlichkeit, sondern eben durch Deine Einzigartigkeit schätzt, wirst Du erfahren, was echte Wertschätzung ist und auch was es bedeutet. Es ist ein sehr tiefes Gefühl, durchaus in der Qualität von bedingungsloser Liebe, deren wohl höchste Form die Sehnsucht ist.

Was ist Sehnsucht?

Sehnsucht ist nicht bloß ein Wunsch. Wünsche sind mit persönlichen Bedürfnissen vermischt. Sehnen ist kein Wünschen. Sehnsucht potenziert sich durch Eigenbedarfslosigkeit ins Unendliche. Etwas für jemanden aus tiefstem Herzen zu wünschen, ohne jegliches Eigenprofitdenken, dann spreche ich von Sehnsucht. Sehnsucht beinhaltet das Gefühl, dass es das Schönste für den anderen wäre, ohne dass man weiß, warum man das möchte. Es ist ein Gefühl, kein Gedanke. Es besitzt keinen Grund. Der einzig mögliche Grund ist: das tiefe innere Bedürfnis, die Essenz des Lebens miteinander zu teilen. Dies ist gleichsam auch das einzig persönliche Anliegen innerhalb dieser Geschichte.

Du kennst Sehnsucht jedoch meist nur in seiner Sekundärform, welche da ist: etwas haben zu wollen, was man nicht hat. Meine Sehnsucht geht eher dahin, erkennen zu wollen, was schon da ist. Sich bewusst zu werden, was man hat, und nicht dem hinterherzulechzen, was man nicht hat. Es ist die Sehnsucht Ich zu sein, nicht Ich zu werden. Schon wieder so etwas, wo man tiefer darüber nachdenken muss, gell? Die Essenz solcher Aussagen werden allerdings nur jenen offenbar, die es selbst erleben. Das richtige Verständnis vom Free Spirit Bewusstseinstraining vermittelt eben genau diese Quintessenz und macht sie erfahrbar.

Das Sehnen wird Sucht genannt, weil man keine Herrschaft darüber hat und weil es die Sehne Deiner Liebesfähigkeit bis ans Äußerste dehnt. Daher das Gefühl, dass es einen fast zerreißt. Ich weiß, Du kennst das, zumindest dann, wenn Dich ein geliebter Mensch verlässt. Das ist ein guter Anfang, um sich an dieses intensive Gefühl zu gewöhnen. Bis Du es als konstantes Lebensgefühl ertragen kannst. Das ist gar nicht so leicht, das kannst Du Dir sicher vorstellen, oder?

Echte Lockerheit ist kein Fatalismus

Locker zu sein ist keine Kunst für Fatalisten und Selbstgerechte. Aber es ist eine ganz besondere Herausforderung für den inspirierten Geist oder ein sehnsüchtiges Herz. Stell Dir einfach mal vor, dass Du total verliebt bist, ganz frisch ... und nun stirbt oder verlässt Dich das Objekt Deiner Begierde und jetzt ... bleibe locker. Sei ganz entspannt und lass los. Denkst Du, dass Dir dies leichtfallen würde? Hm ... und nun stell Dir dies als einzige Konstante in Deinem gesamten Leben vor. Jetzt weißt Du, weshalb Bewusstseinsentwicklung so wichtig ist. Es hilft Dir nämlich nicht nur, in diese Sehnsucht hineinzukommen, sondern auch locker bleiben zu können, wenn Du über längere Zeit mittendrin bist. Und ich sage Dir, dass die Sehnsucht vieler Menschen dabei ist zu erwachen und sie völlig unbedarft der gewaltigen Sehnsucht anheimgestellt sein werden. Dem jedoch so unvorbereitet gewachsen zu sein, ist nur schwer möglich. Ein wenig Vorbereitung könnte nicht schaden und unter Umständen lebensrettend sein.

Die Welten teilen sich

Ich habe an früherer Stelle schon erklärt, dass jede von Dir getroffene Entscheidung ein neues Universum entstehen lässt. Nun gehen wir jedoch auf ein weniger häufiges Phänomen zu, die Weltenteilung. Was ist das? Das ist die Trennung der Spreu vom Weizen. Die globale Trennung der Liebenden von den nicht Liebenden. Wertschätzung und Mitgefühl sind die Basis, ist das Fundament jenes Teils der Welt, welche sich in dieser Teilung höher entwickelt. Um in dieser Spaltung auf der Seite lichtvoller Höherentwicklung zu stehen, ist es notwendig, die eigene Schwingung zumindest auf eine assimilierbare Frequenz anzuheben. Dies wird dann dazu führen, dass Du gewissen unangenehmen Erfahrungen, welche sich gerade anbahnen, nicht anheimgestellt sein wirst. Die Sehnsucht und die gelebte Liebe erheben Dein Sein auf eine Schwingungsfrequenz jenseits jeglicher Verletzbarkeit. Wir können eine neue Welt erschaffen und bewirken. Das ist die Sehnsucht. Ich wünsche es jedem Wesen auf unserem Planeten und ganz besonders Dir und Deinen Lieben.

Die alte Welt – für die man sich auch entscheiden

kann – basiert auf Angst, Misstrauen und Egoismus. Die neue Welt – welche de facto bereits besteht – gründet auf Liebe, Vertrauen und Mitgefühl. Daher empfehle ich Folgendes: Frage Dich immer, wenn Du etwas tust oder tun möchtest, ob Du es aus Liebe, Vertrauen, Mitgefühl, Angst, Misstrauen oder aus Egoismus tust. Dann entscheide und niemals mehr kann einer behaupten, dass Du nicht wüsstest, was Du tust. Ich weiß, dass Du es weißt, und Du weißt, dass es später keine „Feilscherei" darum geben wird.

Daher: Sei weise und erlaube der Sehnsucht in Dir, sich auszubreiten. Erlebe, wie wundervoll es ist, im Vertrauen und in Wertschätzung für Dich und alle anderen zu leben. Erlebe einmal diesen wahren Lebens- und Liebesgenuss, welcher Dir das Leben schon seit ewigen Zeiten bereithält. Der Zugang eröffnet sich Dir in Deiner Art zu denken, zu fühlen und zu handeln. Aber wenn Du morgen da rein willst, musst Du heute so sein. Dein Sein will sich verwirklichen, steh ihm bitte nicht im Weg. Der Weg ist die Liebe und jedes lieblose Tun lässt Dich vom Weg abkommen. Bleibe immer und unter allen Umständen auf dem Pfad des Herzens, auf Deinem Weg.

Du kennst ja meine Losung, oder?

„Wohin auch immer Du gehst und was auch immer Du tust, tue es von ganzem Herzen."

Krieg dem Krieg

Die scheinbar friedvollen Krieger – Soldaten in weißen Gewändern – genannt Esoteriker

Zum besseren Verständnis möchte ich zuerst einige Worte mal klar übersetzen:

- Djihad (islam.), ... sich bemühen, ... sich anstrengen, ... streben, kämpfen.
- (Die silben s-l-m steht für Wohlbehalten, in Sicherheit). Islam bedeutet in Frieden sein. Salam heißt Friede.
- Lat: Bellare heißt Krieg führen, Bella heißt hübsch, artig.
- Krieg heute, heißt für mich aber auch immer: ... etwas bekommen wollen, ... etwas kriegen.
- Böse heißt etwa soviel wie aufgeblasen.
- Sünde heißt Trennung, Absondern, Unterscheidung, Spaltung, Verschließung, Abschottung (lat. Scindere).
- Opfer, lat. operari, heißt werktätig sein, arbeiten.
- Täter, der Handelnde, der Tätige.
- Leiden: heißt dulden, erdulden.

Das Thema Krieg und Frieden wurde und wird wohl überall, in allen Zeitschriften und Medien, bis zur äußersten

Grenze ausgereizt. Deshalb möchte ich dieses Thema mal von einer etwas anderen Seite beleuchten: Sehr hilfreich, wenn auch nicht ganz einfach, ist das Weglassen von Bewertungen und das Einnehmen-Können verschiedener Standpunkte und Blickwinkel. Um sich diesem Thema annähern zu können, müssen wir das leidige, kleinkarierte und primitive „Gut-Böse-Denken" überwinden. Mich wundert sehr, dass es den Menschen nicht auffällt, dass sie, solange sie noch in diesen veralteten Mustern denken, eigentlich immer Opfer sind. Ja, selbst die Täter fühlen sich gedrängt, sich für den Frieden zu wehren. Und da sie reagieren, sind sie Opfer, denn Täter agieren.

Friede hat oft mehr mit Eigenverantwortung, Offenheit und Toleranz zu tun als mit Liebe. Gott und Liebe eignen sich offenbar nicht, um Frieden zu erlangen. Ich weiß, dass dies ein wenig provokativ klingt, aber lasst uns etwas genauer hinschauen. Alle Kriege werden im Namen Gottes, im Namen der Gerechtigkeit, im Namen der Wahrheit und im Namen der Liebe geführt. Die einen verehren ihren Gott so sehr, dass sie keinen anderen Gott neben sich dulden. Andere wiederum sind in ihrer Liebe zum Vaterland oder zu ihrem Partner/ihrer Partnerin oder zum Geld und zur Macht derart verblendet, dass sie bereit sind, dafür zu kämpfen. Ja ehrlich, es ist zum Verzweifeln, der Pfarrer segnet die Panzer, Politiker geben vor, fürs Volk und ihre Rechte zu kämpfen und und und.

Gott sei Dank gibt es die Esoteriker! Ja, Du hast sie schon gesehen, sie gehen in hellen Gewändern und tragen ein immerwährendes, leicht eingefrorenes Lächeln, mit welchem sie der Finsternis Paroli bieten wollen. Sie verstehen den Begriff „Lichtkrieger" genauso verkehrt wie alle Krieger. Sie bekämpfen das vermeintlich „Böse" und bemerken nicht, dass sie dabei selbst lieblos werden. Wie schon mein Vater sagte: „Manche Menschen werden auf ihrem Weg zur Vollkommenheit vollkommen . . unausstehlich!"

Sie hüllen sich in Licht, um sich vor der Finsternis zu beschützen, schotten sich ab (lat. Scindere = Sünde) und glauben, bessere Menschen zu sein. Sie bemerken nicht, dass sie durch dieses Trennen vom Nächsten sündig werden. Und dabei bekämpfen sie stets die Sündigen (. .) Sie haben noch nicht wirklich erfasst, dass die Aura mehr von innen heraus gelöchert wird als von außen. Sie sehen das Böse, genau wie ein Politiker, Soldat oder Glaubenseiferer, immer nur bei den Anderen. Diese gilt es dann in ein höheres Bewusstsein zu bekehren oder zu meiden. Sie erheben sich über andere und versuchen zu demonstrieren, wie alle anderen auch, dass sie sich natürlich für die besseren „guten" Ziele einsetzen. Dabei verfangen sie sich in innere wie auch äußere Kämpfe, die einfach sehr gut getarnt sind. Sie tarnen ihre „kleinen Kriege" mit Liebe, Spiritualität und Glaube. Nichtsdestotrotzt kämpfen und kämpfen sie. Das Verheerendste aber ist, dass sie gegen sich selbst kämpfen, dass sie unehrlich gegenüber sich selbst sind und dass sie all ihre eigenen Fehler auf die anderen projizieren, auf ihre Feinde.

Alles hat zwei Seiten, auch Krieg und Frieden! Die andere Seite von Frieden ist Krieg, genauso wie des Krieges Gegenpol oder Geschwisterchen der Friede ist. Damit das Spiel um Krieg oder Friede aufhört, müssen wir jedoch einen Schritt weiter gehen. Wir müssen erkennen, dass der Wunsch nach Frieden Krieg erzeugt. Ein wahrer

Meister wendet sich nicht mit esoterischem Kampfgebrüll gegen den Krieg, nein, er hat den Frieden in sich verwirklicht und lebt auch mit dem Krieg in Frieden. Auch Jesus hat mehr die Pharisäer und Gelehrten angefochten als die Soldaten und Zöllner. Er hat schon gewusst warum. Er wusste, dass nicht der Krieger an sich gefährlich ist, sondern die Ideologien, welche sie herbeiführen. Ideologien basieren immer auf einer sogenannten Wahrheit. Bei mangelnder Nächstenliebe (sprich Toleranz) werden sie jedoch von Andersgläubigen, die es immer geben wird, nicht befürwortet und bekämpft, da diese ihre eigene Ideologie gefährdet sehen. Das Problem liegt folglich in der Intoleranz und dem Unglauben, dass alle an dieselbe Wahrheit glauben sollten, damit Friede entsteht.

Friede entsteht jedoch nicht dadurch, dass alle dasselbe glauben, sondern Andersdenkende offen und tolerant in ihrem Herzen aufnehmen. Sie bemühen sich mehr den anderen zu verstehen als verstanden zu werden, den anderen zu lieben als geliebt zu werden, dem anderen zur Freiheit zu verhelfen, als selbst frei zu sein, den anderen glücklich zu machen als sich selbst. Ein hingebungsvoller Mensch ist glücklich, wenn die anderen glücklich sind, das ist der Trick der Weisen.

Solange die Menschen nicht verstehen, dass Recht und Unrecht, Gut und Böse eins sind, so lange hat die Menschheit keine Aussicht auf Frieden. Solange er nicht aufhört zu sündigen, indem er andere verurteilt und somit eine Trennung zwischen ihm und anderen macht, hat er keinen Anspruch und keine Chance auf ein „Paradies". Nun, wie kommt der Mensch zu so einer provokanten und gefährlichen Ansicht? Dadurch, dass er sich selbst durchschaut hat. Damit, dass er erkannt hat, dass er selbst, in seinem Inneren, noch unzählige Kriege führt! Auch wenn sie nicht mehr rein materiell ausgefochten werden, es sind doch Kämpfe. Und somit herrscht Krieg in ihnen. Des gilt auch für Dich! Für Deinen Zwist mit dem Nachbarn, Deinen Streitereien mit Deinem Partner/Deiner Partnerin, Deine Rivalität mit Deinen Freunden und Deiner Konkurrenz mit Deinen Vorgesetzten oder den alltäglichen Kämpfen mit Deinen Kindern, im Supermarkt, am Skilift, im Autoverkehr ... etc.

So wie jeder Krieg einmal ganz klein begonnen hat, so beginnt auch der Friede im Kleinen. Im ganz Kleinen. Nicht sich wehren gegen Gewalt bringt letztlich Frieden, sondern das Leben von Frieden erzeugt denselben.

Bevor dieser kleine Innere Frieden nicht hergestellt ist, werden große Kriege stattfinden! Genauso wie das Fass nicht durch eine Sintflut, sondern durch einen einzigen Tropfen zum Überlaufen kommt. Wenn Du wirklich einen Unterschied machen willst, dann beginne friedlich zu denken, friedlich zu fühlen, friedlich zu handeln und friedlich zu sein. Das braucht weitaus mehr Mut, als in den Krieg zu ziehen. Werde zum Frieden selbst! Bekämpfst Du das Böse und wenn auch noch so esoterisch, dann nährst Du es. Solange Du Kriege verurteilst, wird es sie geben, so oft wie Du Gewalt bekämpfst, wirst Du sie erleben, und solange Du glaubst, im Recht zu sein, wirst Du Unrecht begegnen.

Denn noch immer gilt die alte Weisheit: Wenn keiner hingeht, können keine Kriege stattfinden! Gibt es denn noch andere Gründe, weshalb heutzutage einer in den

Krieg zieht? Natürlich, nämlich die Angst vor den Konsequenzen. Die ist verantwortlich dafür, dass die meisten Soldaten lieber kämpfen, als arbeitslos oder im Gefängnis zu enden. Wäre es da nicht gut, zu ergründen, woher diese Angst kommt? Es könnte die Angst vor Schmerz, vor dem Tod sein und was glaubst Du, wozu sie führen wird? Genau, es führt dazu, dass die Menschen leiden und sterben, so oder so. Doch keiner stirbt mehr als einer, der der Angst erliegt. Ja, all die glorreichen Kämpfer und Soldaten sind im Grunde genommen schon tot, wenn sie in den Krieg ziehen. Auf dem Schlachtfeld werden sie dann nur noch umgebracht. Das ist nicht das Schlimmste, das Schlimmste ist dieser geistige Tod, dem sie bereits erlegen sind.

Und wie steht es mit Dir? Bist Du auch schon gestorben? Tust oder sagst Du ebenfalls Dinge, die Du nicht tun oder sagen würdest, wenn Du der reichste Mensch auf Erden wärst? Sei ehrlich! Was tust Du täglich so alles, was Du unter bestimmten Umständen nicht tun würdest? Finde etwas! Dann hast Du Möglichkeiten, an Dir und Deinen Ängsten zu arbeiten. Dann kannst Du Deine Wiedergeburt bereits auf Erden erleben. Oder möchtest Du lieber weiterhin die Welt verändern und am Ende bemerken, dass all Deine Bemühungen relativ unfruchtbar waren? Möchtest Du weiterhin versuchen, den Frieden herbeizubeten oder herbeizumeditieren? Möchtest Du weiterhin so tun, als ob sich verstecken und in meditativer Sicherheit sein Friede erzeugen könnte? Wenn das funktionieren würde, dann wäre es längst schon geschehen! Was aber ist tatsächlich geschehen?

Tatsächlich wüten mehr Kriege als je zuvor und alle

drehen sie sich um Geld, Macht und Glaube. Geld zu haben ist sicherlich schön, davon aber nicht genug zu kriegen, ist fatal. Und so ist es auch mit der Liebe, mit Macht und mit Gott. Wer hat, der kann teilen, wer nicht hat, der will es von anderen, und wer zu viel davon hat, läuft Gefahr, überfüllt und vergiftet zu werden. So ist es auch mit spirituellen Dingen. Nicht das Ding an und für sich ist gefährlich, sondern die Dosierung macht den Unterschied.

Über Gewalt

Je schwächer der Mensch, desto brutaler sind seine Waffen.

Der Mensch greift naturgemäß zur Waffe, wenn er sich schwach und unterlegen fühlt. Starke Menschen sind oft von einer beeindruckenden Friedfertigkeit und Sanftheit geprägt. Auch Du selbst benutzt Deine Waffen nur dann, wenn Du glaubst, physisch oder psychisch in Gefahr zu sein. Es ist nichts „Böses" dabei, es zeigt nur, dass sich der Mensch in Angst und Furcht befindet. Waffengebrauch ist so gesehen eigentlich immer Notwehr. Bevor ein Mensch zu diesen greift, wurden von der Gemeinschaft schon unzählige Signale der Not übersehen oder einfach missachtet. Da des Menschen Fähigkeit zu fühlen in den letzten Jahrhunderten stark abgenommen hat, bemerken sie solche Signale und Zeichen oft erst zu spät. Dasselbe können wir unschwer auch im Zusammenhang mit des Menschen Umgang mit der Natur beobachten. Der Mensch hat sich seit ewigen Zeiten der Natur unterlegen gefühlt und deshalb stets versucht, sie zu bezwingen. Es wäre zwar möglich, doch nicht auf diese Art und Weise. Also, da er sie nicht bezwingen konnte, begann er sie sukzessive zu zerstören. Genau dasselbe Muster übernahm er in seine zwischenmenschlichen Beziehungen. Die meisten Menschen befinden sich stets im Kriegszustand oder zumindest in Alarmbereitschaft. So angespannt ist jedoch eine harmonische Beziehung weder zu Menschen noch zur Natur möglich. Ich befürchte, wenn die Menschen so weitermachen, dass es endet, wie es enden muss: in Tod und Verwesung.

Tod und Verwesung stehen jedoch im Gegensatz zu Erleuchtung und Transformation. Transformation von Gewalt geschieht durch annehmen der Gewalten, durch annehmen, lieben und verstehen der Schöpfungsgesetze. Durch Umsetzung der Feindesliebe und durch die Erkenntnis, dass es keine Gegen-, sondern nur Mitspieler gibt.

Waffen sind nicht nur Pistolen, Bomben, Messer und Kanonen. Es gibt auch weitaus verletzendere Waffen, nämlich psychologische. Psychisch lässt sich ein Gegner oft viel länger und ausgiebiger verletzen und foltern, ohne dass körperliche Spuren ersichtlich sind. Psychoterror ist dennoch die gebräuchlichste Waffe der Menschen. Fast die gesamte Menschheit lebt in Angst und mit einem Gefühl der Schwachheit. Dann suchen sie sich den nächstbesten Schwächeren und gaukeln ihm gegenüber die eigenen Schwächen als Stärken vor und missbrauchen ihre Macht. Da der Nächste nur dort verletzlich ist, wo er schwach ist, entwickelt sich ein Kampf von besonderer Brutalität. Es wird ständig in noch verletzte Wunden gestochen und stets auf die bereits vorhandenen blauen Flecken geschlagen. Oft sind die vermeintlichen Sieger selbst darüber erstaunt, wie groß der Schaden ist, den sie angerichtet haben. Und irgendwann kommt die Reue, dann beginnt die Heilung, dann entsteht Heilung (leider durch Leid). Heilung wäre grundsätzlich jedoch nicht notwendig dann, wenn erst gar keine Verletzungen zugefügt würden. Aber eines ist sicher, Du verletzt immer nur Dich selbst damit. Denn Du und Dein Nächster sind in Wahrheit Eins. Deshalb, liebe Menschen, erhebet nicht die Hand gegeneinander, es lohnt sich nicht! Erhebet sie auch nicht gegen Eure Übernächsten, die Tiere, es lohnt sich nicht! Es wäre in der Tat wesentlich weiser, auch die andere Wange hinzuhalten, dann wäre der Gewalt bald ein Ende gemacht.

Ein Appell an die Vernunft

Vernunft ist die Tugend, den Verstand kombiniert mit dem Herzen über die Emotionen zu stellen.

Wir sind eine Familie

Das Friedens- und Familienbewusstsein ist eine universelle Angelegenheit.

Nächstenliebe bedeutet, dass man den und die Nächsten lieben soll. Und da man Liebe nicht vorspielen kann, beschränkt sich ihre Ausdehnung bei den meisten Menschen auf Familienmitglieder und Partner sowie engste Freunde. Für die meisten hört hier die Nächstenliebe auf. Ich nenne diese Liebe: Fortgeschrittene Eigenliebe. Es handelt sich hierbei meist noch nicht um Nächstenliebe, da Nächstenliebe selbstlos ist. Diese Stufe kommt unmittelbar nach der naturgemäßen Kindesliebe zwischen einem Kind und seinen Eltern. Allen voran die gegenseitige Mutterliebe.

Es ist keine Kunst, seine eigenen Kinder zu lieben, und es ist auch kein Verdienst, seinen Partner und seine Freunde zu lieben, und ebenso wenig ruhmreich ist es, jene zu lieben, die Dich lieben. Denn diese Erwiderung erfolgt automatisch. Immer ist darin ein Eigennutz enthalten. Nicht, dass Du es deswegen nicht tun solltest, aber glaube nicht, schon ein großer Liebender oder eine große Liebende zu sein, bloß weil Du fünf oder zehn Menschen liebst.

Den Nächsten zu lieben heißt, die gesamte Schöpfung und alles darin enthaltene Leben zu lieben. Und auch dies geschieht automatisch. Je mehr Du Dich ausdehnst, je weiter Deine Schwingung reicht, desto mehr wirst Du alles lieben, was sicht- und auch unsichtbar mit Dir in Berührung kommt. Alles, womit Du Dich aufgrund Deines ausgeweiteten Herzens verbunden hast. Sollte es Dir jemals nicht gelingen, etwas oder jemanden zu lieben, brauchst Du Dich nur mit ihm zu verbinden. Durch diese Verbindung entsteht ein so großes Verständnis des Wesens anderer Schöpfungsteile, dass automatisch Liebe in Dir aufsteigen wird. Es ist eine ungebundene, bedingungslose, verbundene und verbindliche Art der Liebe, die dann entsteht. Du liebst dann nicht mehr aus bestimmten Gründen heraus, sondern einzig des Lebens wegen. Du wirst alle und alles nur schon deshalb lieben, weil es sie gibt. Alleine die Existenz dessen, was ist, genügt Dir dann vollauf, um die größtmögliche Liebe in Dir zu verspüren. Es handelt sich bei der Nächstenliebe also um eine, wie ich sie nenne, grundlose Liebe. Denn alle anderen Gründe, zu lieben oder zu hassen, entstehen aus Bewertungen heraus. Die normale Durchschnittsliebe ist also eine Bewertungsliebe.

Bewertungsliebe kann sich laufend ändern, sobald der andere sich ändert und somit Deiner Bewertung nicht mehr entspricht, die grundlose Liebe nicht. Bewertungsfreie Liebe ist deshalb so schön, weil sie eine ruhige, emotionslose, gefühlsvolle, nicht einschränkende Liebe ist. Sie kann immer von beiden Seiten und unter allen Umständen ausgetauscht werden, weil diese auf einer ganz anderen Ebene fließt, von Ursprung zu Ursprung sozusagen.

Stell Dir vor, wie es ist, bedingungslos geliebt zu werden. Geliebt zu werden nicht, weil Du etwas tust oder bist, sondern einfach nur deswegen, weil es Dich gibt. Keine Leistung wird von Dir erwartet und nichts, was Du tust, kann falsch sein ... Und stell Dir vor, Du könntest andere einfach so lieben (nicht bloß akzeptieren), wie sie sind. Nicht, weil sie so oder anders sind, sondern einfach deswegen, weil sie sind ... Genau, Du würdest schlagartig in einer vollkommen anderen Welt leben, Du würdest Dich, ohne mehr dazu tun zu müssen, augenblicklich auf der höchsten Ebene des menschlichen Seins befinden! Ein besseres und einfacheres Angebot kann ich Dir nicht machen.

Und dennoch beginnt diese große Liebe zu allem, was ist, bereits im kleinsten Rahmen, zwischen Dir und Deinem Nächsten. Du solltest auch nicht warten, bis der andere den Anfang macht, und nach Streitigkeiten solltest Du keine Bedingungen zur Versöhnung setzen. Sei friedfertig in jeder Situation, wohlwissend, dass der andere nicht weiß, was er tut oder getan hat. Kläre alle Grenzverletzungen und gegenseitige Übergriffe so rasch als möglich auf, richte Dich neu aus und handle danach. Entweder führt die Ausrichtung, wenn sie konform mit der Deines Partners läuft, in eine gemeinsame Zukunft, oder auch nicht. Du solltest Dich ebenfalls nicht scheuen, den für Dich richtigen Weg alleine zu gehen. Du hast nichts zu verlieren, die Liebe kann auch einseitig weitergehen. Liebe braucht keine Erwiderung, solange sie bedingungslos ist. Ich meine damit jedoch nicht, dass man sich bei den geringsten Schwierigkeiten aus dem Staub machen soll, aber es macht ebenso wenig Sinn, in einer partnerschaftlichen Situation zu verharren, die aussichtslos ist. An welchem Punkt sie jeweils steht, kannst nur Du für Dich entscheiden. Ich erlebe jedoch stets, dass die Menschen gerade solche Situationen meist falsch einschätzen. Entweder zu schlimm oder zu harmlos. Dies tun sie, weil sie einer Veränderung der Situation, die früher oder später sowieso fällig wird, ausweichen möchten. Etwas mehr Einsicht wäre hier angebracht. Denn nur wer Mut zur Einsicht hat, hat im Leben noch Aussichten. Hier entscheidet sich, ob das partnerschaftliche Leben lebendig bleibt oder ob es langsam abstirbt. Tote Beziehungen enden in Zorn oder Teilnahmslosigkeit. Das einstige Miteinander wird zum Gegeneinander.

Die Nächstenliebe bleibt auf der Strecke und die

Behauptungen, man sei fähig zu lieben, darf hinterfragt werden. Denn wer letzten Endes nicht fähig ist, seine Feinde zu lieben, kann Nächstenliebe noch nicht in seiner höchsten Qualität verwirklichen. Ich denke, Du hast in Deinem Leben genügend Möglichkeiten, Deine Fähigkeiten darin zu entwickeln. Viel Vergnügen dabei!

Über Autor & Verlag

Bruno Würtenberger &
GreatLife.Books

MEHR ÜBER BRUNO WÜRTENBERGER
http://brunowürtenberger.com
http://freespiritinfo.com
http://freespirit-shop.com
http://freespirit-tv.ch

BRUNO WÜRTENBERGER

Bruno Würtenberger geb. 1960 in Zürich ist Bewusstseinsforscher mit Leib und Seele. Er lebt zurückgezogen im Zürcher-Oberland, hat einen Sohn und eine große Vision, nämlich:

Eine friedliche, glückliche und erfolgreiche Gemeinschaft aller Menschen welche in Harmonie mit der Natur leben.

Er entwickelte das FreeSpirit®-Bewusstseinstraining, schrieb mehrere Bücher, darunter der Bestseller ‚Klartext'.

Würtenberger ist gefragter Dozent an in- und ausländischen Fachkongressen und besticht mit seiner humorvollen und charismatischen Art.

Zudem gründete er das Kinderhilfswerk ‚FreeSpirit®-Compassion Care & Help' welches weltweit Kinder in Not unterstützt. Bruno Würtenberger ist viel in der Welt herumgereist und studierte die Menschen nah und fern. Seine Kernkompetenz liegt im Bereich der Lebensgestaltung, empirischer Bewusstseinsforschung und Persönlichkeitsentwicklung.

Er gehört keiner Religion oder Konfession an und bekräftigt stets, nur seinem Herz zu folgen. Dies ist auch sein maßgeblicher Rat an die Menschen.

FREESPIRIT®
COMPASSION - CARE & HELP

Das FreeSpirit® Kinderhilfswerk hilft vorzugsweise Kindern und Eltern in Not. Wir sind der Meinung, dass Kinder eine Zukunft verdient haben. Sie sind es einfach Wert, dass wir Sie unterstützen und wir werden spätestens dann froh sein, wenn Sie grösser geworden sind und unsere Welt regieren.

Nur so können wir sicherstellen, dass die Zukunft der Menschheit menschlicher wird als es die Vergangenheit gewesen ist. Hunger und Armut sind heute leider grösser denn je. Ja, jeder kann helfen also, packen wir es an - gemeinsam können wir etwas bewegen!

Der Zweck des Vereins ist die Förderung und Unterstützung hilfsbedürftiger Menschen, wobei der Schwerpunkt auf die Hilfeleistung zu Gunsten von Waisenkindern und alleinerziehenden Elternteilen gelegt wird. Die Unterstützung geschieht in finanzieller, materieller und emotionaler Art in vereinsinternen und vereinsfremden Hilfsprojekten.

FreeSpirit® Kinderhilfswerk ist ein rechtlich anerkannter und international tätiger Verein gemäss den Bestimmungen des Art. 60ff ZGB mit Sitz in der Schweiz. Unser Verein ist von der Steuer befreit, das bedeutet, dass kein gespendetes Geld auf irgendeinem Steueramt hängen bleibt. Spenden an unseren Verein sind abzugsberechtigt.

KLARETXT

BRUNO WÜRTENBERGER

Klartext ist spirituelle Psychologie vom Feinsten. Weise, humorvoll, leicht verständlich, alltagstauglich und herrlich provokativ. Das Standartwerk des Schweizer Bewusstseinsforschers Bruno Würtenberger behandelt Realität und wie diese verändert werden kann, um ein selbstbestimmtes, glückliches Leben zu führen. Dieses Buch eröffnet dem Leser eine ganz neue Herangehensweise und ist ein wertvoller Lebensbegleiter. Ein Muss für jeden, der sich ein frei bestimmtes Leben voller Erfolg, Freude und Liebe wünscht.

ISBN:
978-3942880-05-3
Umfang:
300 Seiten
Verlag:
Horizon Verlag

REVOLUTION

BRUNO WÜRTENBERGER

Dieses Handbuch ist für Menschen gedacht, die es wirklich wissen wollen. Kompromisslos ehrlich, anstössig, unglaublich tiefgründig und humorvoll-ironisch zugleich räumt der Autor mit allen spirituellen und esoterischen Umwegen auf. „Revolution" ist mit Sicherheit eine aussergewöhnliche Lektüre von allerhöchster Qualität und Einfachheit. Man kann dieses Handbuch durchaus als spirituellen Turbo bezeichnen. Achtung: nicht für ‚Mimosen' geeignet!

ISBN:
978-3952272-13-8
Umfang:
264 Seiten
Verlag:
Spirituelle
Schule Schweiz

SEIN IM ZENTRUM DER MITTE

BRUNO WÜRTENBERGER

„Sein im Zentrum der Mitte" berührt das Innerste der Essenz spiritueller Weisheit. Kompromisslos, wie wir es von Bruno P. Würtenberger gewohnt sind und wie immer von seinem Humor begleitet, wagt er in diesem Handbuch den Schritt weit über die Normalität gängiger esoterischer oder religiöser Betrachtungen grundlegender Weisheit hinaus.

ISBN:
978-3952272-15-2
Umfang:
267 Seiten
Verlag:
Spirituelle Schule Schweiz

TODLEBENDIG

BRUNO WÜRTENBERGER

Eine Ausfahrt der ganz besonderen Art. Nie wird er sie mehr vergessen, diese eine Sekunde die sein Leben auf den Kopf stellte. Ausführlich beschreibt Bruno, was in diesem einen Moment geschah und wie dieser Moment ihn grundlegend veränderte. Ausführlich beschreibt er aber auch, wie Jeder auf seine ganz eigene „Reise" gehen kann. Auch ohne Motorrad. Lebensgefährlich bleibt es aber, das Abenteuer Bewusstsein.

ISBN:
978-3952272-41-2
Umfang:
172 Seiten
Verlag:
GreatLife.Books

LICHT & SCHATTEN DER LIEBE
BRUNO WÜRTENBERGER

In diesem Buch dreht sich alles um Liebe, Beziehungen und Sex. Jeder Mensch sollte über die wesentlichen Grundlagen für eine erfolgreiche Beziehung mit und ohne Sex Bescheid wissen.

ISBN:
978-3945952559
Umfang:
260 Seiten
Verlag:
GreatLIfe.Books

GreatLife.Books

Für alle, die für ihre Message Medium, Leser und eine tatkräftige Unterstützung suchen

1994 haben wir in den (damals noch neuen) Medien, unseren Weg begonnen. Zwanzig Jahre später findet sich jetzt all unser Knowhow unter einem Hut und einer großen Dachmarke: dem GreatLife - Netzwerk. Mit unserem Verlag GreatLife.Books können wir daher Dir als Autor, ein riesiges Leistungsspektrum anbieten. Von der Konzeptentwicklung, über den Buchsatz, bishin zum Lektorat, Grafik, Video, Onlinemarketing, PR, TV oder SocialMedia, alles steht Dir für den den Erfolg Deines Buches zur Seite. Gemeinsam ziehen wir an einem Strick, mit einem Ziel vor Augen: Dein Thema Deinen Lesern vorzustellen.

Wir sind kein „richtiger Verlag" im herkömmlichen Sinne. Wir drucken nicht selber. Das erledigen weiterhin unterschiedliche BoD Unternehmen. Wir finden schon den Richtigen für Dich. Du siehst, wir verstehen uns als Dienstleister und Netzwerk für Indi-Autoren. Gemeinsam fällt es einfach leichter etwas zu bewegen und so haben wir so schon einiges zusammen erreicht.

Voraussetzung um zu uns zu passen ist: Du hast etwas rund um das

Thema Leben, Entwicklung oder Spiritualität zu sagen. Wie dieses Buch hier ja auch. Mit einem Roman bist Du bei uns falsch.

Wenn Dich unsere Arbeit interessiert, schaue einfach auf unserem youtube-Channel, was unsere Autoren über uns sagen. Auch den Autor dieses Buches wirst Du da finden. Auf unserer WebSite (www.greatlife.world) findest Du noch weitere Video-Statements und Interviews.

Wenn Du also den Service eines Verlages suchst, aber die Freiheit eines Indi-Autors dabei nicht aufgeben willst, dann solltest Du uns ansprechen. Ruf einfach an oder maile uns, im persönlichen Gespräch werden wir schnell herausfinden was Du brauchst, wir für Dich tun können und wir gemeinsam erreichen können.

Viel Freude Dir weiterhin beim schreiben und viele nette Leser

Dein Team von GreatL!fe.Books

http://greatlifebooks.de
http://greatlife.university
http://greatlife.events
info@greatlifebooks.de
(06201) 90 20 4-44
Hauptstr. 97 | 69 469 Weinheim

Empfehlungen

WEITERE AUTOREN
UND IHRE BÜCHER BEI GREATLIFE.BOOKS

HANDBUCH MANIPULATION
EIKE RAPPMUND

Unser Gehirn tickt wie ein gut geöltes Uhrwerk. Immer nach den gleichen Ritualen. Meist mit zu erwartenden Ergebnissen. Wie man auf die menschliche Hirnmechanik im einzelnen Zugriff bekommt, das erklärt der Autor grundlegend an vielen kleinen Beispielen aus und für den Alltag.

Umfang: 440 Seiten
ISBN: 978-3849578305

HEUL NICHT RUM. COACH DICH SELBST.
EIKE RAPPMUND

Eigene Muster erkennen, verstehen und in den Griff bekommen, dass ist die Aufgabe, bei der dieses Buch Dir helfen will. Ein praktisches Arbeitsbuch für alle, die ernsthaft an ihrer persönlichen Entwicklung arbeiten wollen um ihr Leben selbstbestimmt und wirksam in seiner ganzen Fülle zu entfalten.

Umfang: 304 Seiten
ISBN: 978-3945952016

ELTERN SIND FÜHRUNGSKRÄFTE
SIXTINA VON PROFF-KESSELER

Erziehung ist eine lebendige Herausforderung für Eltern. Eben so lebendig ist die Art und Weise, wie die Pferde den Eltern vermitteln, worauf es eigentlich ankommt. Eltern suchen nach Orientierung für die schwierige Aufgabe und Pferde als wahre Meister der sozialen Kompetenzen und Körpersprache bieten viele Möglichkeiten.

Umfang: 440 Seiten
ISBN: 978-3849578305

MACHTSPIELE? MACHT NICHTS!
MICHAEL KIRCHHOFF

Jeder kennt sie, die meisten verabscheuen sie und nur wenige genießen sie: Machtspiele. Wenn wir verstehen wollen, warum wir uns so leicht formen und lenken lassen, müssen wir verstehen, wie Kommunikation funktioniert.

Umfang: 228 Seiten
ISBN: 978-3849578107

THERAPEUT DER HERZEN
RALPH-DIETMAR STIEF

Der ganzheitliche Therapeut Ralf-Dietmar Stief entfaltet in seinem Erstlingswerk „Therapeut der Herzen" eine authentische und spannende Geschichte entlang seiner eigenen Biographie. „Tief berühren" das will er, wenn er seine Leser liebevoll in einen Spiegel blicken lässt.

Umfang: 232 Seiten
ISBN: 978-3945952441

BEEINDRUCKEND
HEIKO RIEGER

Menschen lesen, beeinflussen und programmieren können, das ist, was viele Menschen sich heimlich wünschen. Vor allem wir Männer, wenn es darum geht, bei einer Frau zu landen. Als Mentalist habe ich dabei einiges entdeckt, z.B. wie man mit hypnotischen Sprachmustern sein Ziel erreicht.

Umfang: 182 Seiten
ISBN: 978-3945952047

PERSPEKTIVEN
JOHANN NEPOMUK MAIER

Johann Nepomuk Maier gibt in seinem Buch Antworten auf diesen tieferen Erkenntnishorizont. Er nimmt den Leser mit auf eine transzendentale Erkenntnisreise, die mit der Interpretation der Quantenphysik beginnt und anhand vieler Fallbeispiele, wissenschaftlicher Arbeiten zu paranormalen Vorfällen, evolutionären Verhaltens-Paracodien, uvm.

Umfang: 236 Seiten
ISBN: 978-3945952498

DIE ZWEITE SCHÖPFUNG
JOHANN NEPOMUK MAIER

Wird es in 30 Jahren überhaupt noch natürlich gezeugte Menschen geben oder gibt es dann Babys aus dem 'Katalog'- genmanipulierte, hochintelligente und schöne Menschen, in Brutmaschinen gezüchtet? Und wie wird sich die Computertechnologie weiterentwickeln?

Umfang: 284 Seiten
ISBN: 978-3945952528

GLÜCKSELIG

CLAUDIUS RIESER KAILASH

Kriya Yoga, das begeistert Claudius Rieser Kailash und diese Begeisterung und Liebe steckt an. Er zeigt die Vorzüge, die diese spezielle Yoga-Praxis für uns und unser Leben hat, erzählt von seinen Erfahrungen und von der Transformation, die wir erleben können.

Umfang: 192 Seiten
ISBN: 978-3945952887

DIE SCHICKSALS LÜGE

BERND HÜFNER

Wer oder was regiert die Welt? Wer oder was bestimmt Dein Schicksal? In einer Zeit in der Angst und Panik immer stärkerer Bestandteil unseres Alltags werden, will die Schicksalslüge einen deutlichen Riss in dieses Jahrtausend alte Muster treiben.

Umfang: 236 Seiten
ISBN: 978-3945952276

SPIRITUELLES COACHING

BERND HÜFNER

Gegenwartsanalysen und Zukunftsprognosen machen nur dann wirklich Sinn, wenn sie einen klaren Coaching Aspekt beinhalten. Dieses Buch will genau diese Perspektive bieten und ist daher für Anfänger sowie auch für Fortgeschrittene in der Kunst des Kartenlegens geeignet.

Umfang: 196 Seiten
ISBN: 978-3945952580

GRAUSAM UND WAHR

KLAUS KONSTANTIN & URSULA AUKTOR

JA! Hier gehts ans Eingemachte! Hier wird enthüllt und aufgeklärt. Hier kannst Du Deine eigene, individuelle und vergessene Wesensart erkennen, anschauen und wiederbeleben.

Umfang: 180 Seiten
ISBN: 978-3945952856